Corona - Krone der Technokratie?

Wie man die Welt
unter dem Deckmantel einer Pandemie
zwangstransformiert

Axel B.C. Krauss

Corona - Krone der Technokratie?

Wie man die Welt
unter dem Deckmantel einer Pandemie
zwangstransformiert

Axel B.C. Krauss

Impressum

Bibliografische Information der Deutschen Nationalbibliothek:
Die Deutsche Nationalbibliothek verzeichnet diese Publikation in der Deutschen Nationalbibliografie; detaillierte bibliografische Daten sind im Internet über http://dnb.dnb.de abrufbar.

Übersetzung: Axel B.C. Krauss
Lektorat: Axel B.C. Krauss
Korrektorat: Axel B.C. Krauss

Herstellung und Verlag: BoD – Books on Demand, Norderstedt

ISBN: 978-3-7534-7209-6

Inhaltsverzeichnis

Vorwort zur aktualisierten und leicht erweiterten Auflage

„Manchmal wird man von den Ereignissen der Zeitgeschichte überholt; Befürchtungen, die man eher auf der »Bauchebene« hatte, die man inuitiv zu erspüren glaubte, werden plötzlich Wirklichkeit", so begann ich die erste Auflage dieses Buches. Daran hat sich bis heute – **leider** – nichts geändert. Obwohl, wie ich ergänzend hinzufügen muß, so manche dieser Befürchtungen gar nicht einem bloßen Gefühl entsprangen, sondern handfesten Informationen, die über die Hintergründe der „Pandemie" kursieren.

Im Gegenteil. Die federführenden Eliten hinter diesem Projekt, für daß es verschiedene Namen gibt – „Großer Reset", „Neues Normal", „Neue Weltordnung", „Building Back Better" – machen gar keine Hehl aus ihren Motiven – und haben es auch nie. Sie haben es offen gesagt. Nur haben sich viele geweigert, das, was eigentlich Schwarz auf Weiß vor ihnen lag, zu glauben oder die richtigen, logischen Schlüsse daraus zu ziehen.

Nahezu alles, wovor viele andere Kommentatoren und Analysten weltweit und auch ich selber in vielen Publikationen, sei es online oder in klassischer Printform, gewarnt hatten, ist nun tatsächlich eingetroffen – und wird aktuell weiterhin umgesetzt, vor unser aller Augen. Ich meine damit natürlich vor allem die sogenannten „Verschwörungstheorien", die besagten Warnungen von einer gekauften und hochkorrupten Mainstreampresse nach wie vor mit geradezu erschreckender Verbissenheit angedichtet werden, damit der „einfache Mann" bloß nicht auf die Idee kommt, mehr hinter der „Coronapolitik" zu vermuten als den „Schutz der Öffentlichkeit" vor einem Virus, der bis heute nicht in gereinigter, isolierter Form vorliegt.

Wie schon im Vorwort zu ersten Auflage weise ich auch hier darauf hin, daß ich dieses Buch nicht als "umfassende" Abhandlung zu dieser Thematik verstanden wissen möchte. Es basiert auf Informationen, die ich seit beginn dieser „Pandemie" – oder besser gesagt: Plandemie – also seit nunmehr einem Jahr, in mühseliger Arbeit zusammengetragen habe. Auf meiner Webseite finden Sie zu diesem Themenkomplex mit Stand der Abfassung dieser erweiterten Auflage über 400 Artikel.

Bei dieser Politik, die nur oberflächlich gesehen ein Virus – und mittlerweile seine „Mutationen" – eindämmen soll, geht es in Wahrheit um einen umfassenden und von langer Hand geplanten Angriff auf unserer Lebensweise, unsere Wirtschaft und den von Vorgängergenerationen mühsam erwirtschafteten Wohlstand. Wie auch immer Leser dieses bescheidenen Büchleins darüber denken mögen, eines ist unstrittig: Die offizielle Begründung für diese Politik basiert auf sehr lückenkaften Informationen, manipulierten Zahlen und repräsentiert auch nicht "die" Wissenschaft. „Die" ist sich nämlich alles andere als „einig", was die angebliche Notwendigkeit und Wirksamkeit der uns allen auferlegten Maßnahmen betrifft.

In der Hoffnung, Lesern damit zumindest etwas "Munition" gegen Politik und Mainstream-Presse liefern zu können,

Axel B.C. Krauss, 29. April 2021.

Seit Beginn der sogenannten "Corona-Pandemie", also des weltweiten Auftretens des "Sars-Cov-2-Virus", auch bekannt als Atemwegserkrankung namens "Covid-19", mehrten sich die Stimmen in Politik und Presse, diese Pandemie hätte das Potenzial, die Welt gründlich zu verändern. Nichts, so hieß es, werde wieder so sein wie vorher; es war ständig von einem "Neuen Normal" die Rede, eine stark veränderten Realität hinsichtlich des bisherigen Wirtschaftens und gesellschaftlichen Zusammenlebens. Ökonomie und Gesellschaft müßten sich den veränderten Bedingungen schnell anpassen, sonst drohe eine Katastrophe ungeahnten Ausmaßes.

Dr. Wolfgang Schäuble, Präsident des Deutschen Bundestages, sagte dazu: "**Die Corona-Krise ist eine große Chance**. *Der Widerstand gegen Veränderung wird in der Krise geringer.* Wir können die Wirtschafts- und Finanzunion, die wir *politisch bisher nicht zustande gebracht haben*, ***jetzt hinbekommen***."[1] Woraufhin seine Interviewpartner von der Zeitung "Neue Westfälische", Carsten Heil und Thomas Seim, ihn fragten: "**Könnte die Bevölkerung dem nun auch eher**

---

[1] "Die Pandemie ist eine große Chance", https://www.wolfgang-schaeuble.de/die-pandemie-ist-eine-grosse-chance/, Hervorhebungen durch mich.

folgen?". Schäubles Antwort: "Davon bin ich überzeugt. Ich will die Pandemie nicht verharmlosen, wenn ich feststelle: **Große Krisen sind große Chancen**."

Auch in einem Artikel auf der Webseite der "Tagesschau" wurde dies angesprochen. Darin hieß es: "Bundestagspräsident Wolfgang Schäuble wirbt **unter dem Eindruck der Corona-Pandemie** dafür, die 1999 gestartete **Währungsunion zu einer Wirtschaftsunion auszubauen**. Es brauche »**heute den Mut, den wir in der Krise 2010 nicht hatten**, um endlich **zu mehr Integration in der Eurozone zu kommen**«, schreibt der frühere Bundesfinanzminister in einem Gastbeitrag für die »Frankfurter Allgemeine Zeitung«."[2]

Kommen Ihnen solche Äußerungen bekannt vor? Juckt es da in Ihrem Hinterkopf? Schäuble hatte sich nämlich schonmal so geäußert.

"Und in der Globalisierung brauchen wir übrigens andere Formen von **internationaler Governance** [...] ich bin bei aller krisenhaften Zuspitzung im Grunde entspannt", sagte Schäuble bei einer Podiumsdiskussion mit dem am 10. November 2015 verstorbenen ehemaligen Bundeskanzler Helmut Schmidt und Josef Joffe, Co-Herausgeber der Wochenzeitung "Die Zeit", mit Blick auf die "Euro-" bzw. "Griechenland-Krise". Joffe: "Warum?". Schäuble: "***Weil, wenn die Krise größer wird, werden die Fähigkeiten, Veränderungen durchzusetzen, größer.***"[3]

Schäuble ist beileibe nicht der einzige, der Krisen als Chance begreift. Woran zunächst mal auch gar nichts auszusetzen wäre: Natürlich können Krisen eine Chance sein, über sich hinauszuwachsen; Dinge zu erkennen, die man im gewohnten Lauf des Alltags sonst vielleicht nie wahrgenommen hätte; fest "eingeschliffene" Wahrnehmungsstrukturen ins Wanken zu bringen und gesellschaftliche Zustände oder Entwicklungen, von denen man dachte, sie seien "selbstverständlich" oder eine Art "Naturzustand", zu überdenken, möglicherweise revisionsbedürftige soziale und ökonomische Voraussetzungen,

---

[2] "Die Chance nicht wieder verpassen", https://www.tagesschau.de/inland/schaeuble-eu-107.html, Hervorhebungen durch mich.

[3] "Die Diskussion", ausgestrahlt auf Phoenix, https://www.youtube.com/watch?v=Xganww9S2K0

die zur Krise geführt haben, zu überprüfen: Handelte es sich womöglich um einen Irrweg? Sind neue Konzepte nötig? - und so weiter.

Eigentlich ist das auch eine ganz banale Erkenntnis, die von der Weltgeschichte immer wieder unter Beweis gestellt wurde; die Erfahrung, daß Krisen, ob nun von großen welthistorischem Ausmaß oder im Beruf oder im Privatleben, Chancen für positive Veränderungen bieten können, dürfte wohl schon jeder Mensch in seinem Leben einmal gemacht haben.

Leider sah die Praxis in diesem konkreten Fall aber so aus, daß die "Euro-Krise" eben nicht zufällig entstand, kein "schicksalhafter" Prozeß war, sondern tatsächlich gezielt ausgelöst wurde - um eben jene politisch erwünschten Veränderungen einzuleiten, die ohne diese Krise nicht ohne Weiteres die Zustimmung der Bevölkerung erhalten hätten. Über die Hintergründe wurde bereits reichhaltig publiziert, daher kann ich mir das hier glücklicherweise sparen. Tatsache ist, daß bereits sehr frühzeitig bekannt war, daß die Aufnahme Griechenlands in die Eurozone im Wesentlichen darauf hinauslief, einen "Sprengsatz" an die "Gemeinschaftswährung" zu legen und daß es nur eine Frage der Zeit war, bis dieser hochgehen würde - mit allen bekannten Folgen, also den sogenannten "Rettungspaketen" für Griechenland und den in diesem Zusammenhang von der Politik permanent erhobenen Forderungen nach einer "stärkeren europäischen Integration", einem gemeinsamen europäischen Finanzministerium, der Abgabe nationaler Souveränitäten an eine supranationale Organisation, also eine "europäische", zentralistische Organisation auf Basis des Arguments, die Nationalstaaten wären unfähig, eine Krise dieses Ausmaßes zu bewältigen.

Die weltweit bekannte Wall Street-Bank "Goldman Sachs" half der griechischen Regierung beim Fälschen ihrer Haushaltsbilanzen, um den "Maastricht-Kriterien" genügen und somit Aufnahme in die Eurozone finden zu können; beteiligt an dieser Mauschelei war übrigens ein gewisser Mario Draghi, der bald darauf Chef der Europäischen Zentralbank (EZB) werden sollte.[4]

---

[4] "Investmentbank löst Euro-Krise aus", https://www.freitag.de/autoren/oi2503/investmentbank-loest-euro-krise-aus; "So wurde Euro-Eintritt erst möglich: Banker soll Schulden Griechenlands verschleiert haben", https://www.focus.de/finanzen/banken/beim-eintritt-in-den-euro-goldman-sachs-kaschierte-griechische-schulden-nun-koennte-eine-

Doch zurück zu Corona: Wie genau ist diese Krise eigentlich entstanden? Die offizielle Version lautet: Ein neues Atemwegsvirus namens SARS-Cov-2 trat auf einem Feuchtmarkt in Wuhan, Hauptstadt der Provinz Hubei der Volksrepublik China, auf den Plan und von dort aus seine fatale Reise um den gesamten Globus an. Es stammt angeblich aus Fledermäusen, wobei zu Beginn dieser Krise unterschiedliche Angaben vorlagen: Manche Forscher behaupteten, Ursprung seien Schuppentiere (Pangoline)[5] gewesen, wie andere sagten, das Virus sei von Fledermäusen auf Schuppentiere und von diesen auf den Menschen übergesprungen. Die genaue Herkunft des SARS-Cov-2-Virus ist bis heute nicht sicher bekannt.

---

klage-drohen_id_4810392.html; "Goldman Sachs half Griechenland bei Schuldenkosmetik", https://www.spiegel.de/wirtschaft/haushaltskrise-goldman-sachs-half-griechenland-bei-schuldenkosmetik-a-676346.html; "Wie Goldman Sachs von der griechischen Schuldenkrise profitierte und nun verklagt werden soll", https://netzfrauen.org/2015/07/21/wie-goldman-sachs-von-der-griechischen-schuldenkrise-profitierte-und-nun-verklagt-werden-soll/; "Was wusste Draghi über den Griechen-Deal von Goldman Sachs?", https://www.wiwo.de/unternehmen/banken/europaeische-zentralbank-was-wusste-draghi-ueber-den-griechen-deal-von-goldman-sachs/12065928.html; "Wie steht es tatsächlich um Griechenland?", https://www.heise.de/tp/features/Wie-steht-es-tatsaechlich-um-Griechenland-4142919.html?seite=all, Zitat aus dem Artikel (Hervorhebungen durch mich): "Längst scheint vergessen zu sein, dass Griechenland den Eintritt in die Eurozone erschlichen hat. Hierzu dienten manipulierte Daten von sogenannten Zinstausch (Swap)-Geschäften, um griechische Defizitzahlen zu verschleiern, und die **Hilfe der US-Investmentbank Goldman Sachs**, deren Vizepräsident damals in Europa **interessanterweise Mario Draghi hieß.**"

[5] "Corona: Sind Pangoline das fehlende Bindeglied?", https://www.scinexx.de/news/biowissen/corona-sind-pangoline-das-fehlende-bindeglied/, "Schuppentiere waren Zwischenwirte", https://science.orf.at/stories/3200431/

Nichts ist unmöglich - Corooona!

Und das war's? Ist das die ganze Geschichte? Mehr gibt es darüber also nicht zu wissen? Ein durch natürliche Mutation bzw. virale Evolution entstandenes Virus, daß durch Zoonose[6] auf den Menschen übersprang? Also eine natürlich entstandene Pandemie, auf die Regierungen weltweit entsprechend reagieren müssen? Mit Lockdowns, Maskenpflicht, sozialer Distanzierung usw., mit allen daraus folgenden, schwerwiegenden wirtschaftlichen Folgen? Hatten sie wirklich keine andere Wahl?

Klaus Schwab, Gründer und Leiter des Weltwirtschaftsforums, schreibt dazu in seinem Buch "Covid-19: The Great Reset":

"Die Geschichte früherer Epidemien zeigt immer wieder, wie Pandemien Handelswege ausnutzen und wie sehr die Interessen der öffentlichen Gesundheit mit denen der Wirtschaft kollidieren (was eine ökonomische »Fehlentwicklung« darstellt, wie wir gleich sehen werden). Wie der Historiker Simon Schama beschreibt:

»Inmitten von Katastrophen stand die Ökonomie immer im Konflikt mit den Interessen der Volksgesundheit. Auch wenn die Pest bis zu dem Zeitpunkt, als es noch kein Verständnis für durch Keime übertragene Krankheiten gab, meist auf 'verdorbene Luft' und giftige Dämpfe zurückgeführt wurde, die angeblich aus abgestandenen oder verschmutzten Sümpfen stammten, gab es dennoch ein Gefühl dafür, dass genau die kommerziellen Arterien, die Wohlstand erzeugt hatten, nun zu Überträgern von Gift wurden. Aber wenn Quarantänen vorgeschlagen oder verhängt wurden (...), leisteten diejenigen, die am meisten zu verlieren hatten, nämlich die Kaufleute und mancherorts auch die Handwerker und Arbeiter, heftigen Widerstand gegen die Unterbrechung von Märkten, Messen und Handel. Muss die Wirtschaft sterben, damit sie in robuster Gesundheit wieder auferstehen kann? Ja, sagten die Hüter der Volksgesundheit, die ab dem 15. Jahrhundert das städtische Leben in Europa prägten.«

---

[6] "Als Zoonosen bezeichnet man nach der Definition der WHO Erkrankungen, die von Wirbeltieren auf den Menschen und umgekehrt vom Menschen auf Wirbeltiere übertragbar sind. Sie können durch Viren, Bakterien, Pilze, Protozoen und andere Parasiten verursacht werden. Das entsprechende Adjektiv lautet zoonotisch.", https://flexikon.doccheck.com/de/Zoonose

Die Geschichte zeigt, dass Epidemien die große Umwälzung der Wirtschaft und des sozialen Gefüges von Ländern waren. Warum sollte es bei Covid-19 anders sein?"[7]

Auf den ersten Blick mag das überzeugend und richtig klingen. Was Schwab dabei allerdings nicht erwähnt, ist die Tatsache, daß man frühere Zeiten nicht bruchlos mit heutigen vergleichen kann - schon deshalb nicht, weil Pandemien früher tatsächlich "höhere Gewalt" waren, denen die Menschheit aufgrund des damaligen Wissensstandes mehr oder weniger schutzlos ausgeliefert war. Es gab keine fortschrittliche Medizin, es gab keine Genforschung und keine moderne Pharma-Industrie. Eine Industrie, die gerne auch – beileibe nicht völlig grundlos – als „Pharmamafia" oder „Big Pharma" bezeichnet wird, als gewaltiger Industriekomplex, der zuweilen mit äußerst zwielichtigen, ja kriminellen Methoden arbeitet. Für einen hervorragend recherchierten, fundierten Überblick über die manchmal schlicht sprachlos machende Korruption und das unethische, verantwortungslose Vorgehen dieser „Mafia", gerade im Zusammenhang mit sogenannten „Viruspandemien", empfehle ich Ihnen wärmstens das Buch „Virus-Wahn. Corona/Covid-19, Masern, Schweinegrippe, Vogelgrippe, SARS, BSE, Hepatitis C, AIDS, Polio, Spanische Grippe. Wie die Medizinindustrie ständig Seuchen erfindet und auf Kosten der Allgemeinheit Milliardenprofite macht" von Dr. med. Klaus Köhnlein und Torsten Engelbrecht.[8]

Heute jedoch besteht leider die Möglichkeit, daß manche Erreger nicht einfach "natürlich" über die Menschen kommen, sondern möglicherweise bestimmten Forschungsprogrammen entsprangen - wie wir später noch sehen werden. Ganz zu schweigen von der noch wichtigeren Frage, ob es sich in manchen Fällen **überhaupt um Viren handelte**, die bestimmte Krankheiten ausgelöst haben sollen – oder ob nicht womöglich auch andere Ursachen vorlagen, die lediglich und zum finanziellen Wohle eben erwähnter Pharmamafia als solche deklariert wurden. Und genau das ist es, was bei Covid-19 anders sein könnte. Ganz zu schweigen von der Frage, ob man bei "Corona" wirklich von einer Pandemie

---

[7] Klaus Schwab, Thierry Malleret, "Covid-19: The Great Reset", Forum Publishing, World Economic Forum 2020, S. 37-38, Übersetzung aus dem Englischen durch mich. Mir ist bewußt, daß das Buch bereits auf Deutsch vorliegt, ich beziehe mich in diesem Buch jedoch auf die englische Ausgabe.
[8] Dr. med. Klaus Köhnlein, Torsten Engelbrecht, „Virus-Wahn", BoD (Books on Demand), 10. Auflage, 2021

sprechen kann, außerdem - was noch viel wichtiger ist - ob die politischen Maßnahmen, die zu ihrer Bekämpfung implementiert wurden, tatsächlich so notwendig waren wie behauptet.

Ich werde in diesem Buch eine Fülle alternativer Informationen vorlegen, die eine andere Sichtweise als die von Politik und Mainstream-Medien verbreitete aufzeigen. Unter anderem, daß SARS-Cov-2 kein zufällig auf die Weltbühne gesprungenes Virus sein könnte, sondern ein gentechnisch erzeugtes. Wie bitte? Gentechnisch erzeugt? Ja. Nämlich im Rahmen der sogenannten "Gain-of-Function"-Forschung, also auf gut Deutsch: Funktionsgewinn-Forschung, bei der Erreger durch genetische Manipulation pathogener und infektiöser, spricht gefährlicher gemacht werden, als sie in der Natur eigentlich vorkommen. Forschung, die übrigens auch in einem Biosicherheitslabor in Wuhan durchgeführt worden sein sollen. Doch ich greife vor.

Ich möchte noch einmal auf die Formulierung Schäubles zurückkommen, daß Krisen also eine "große Chance" für Veränderungen darstellen - ***politisch erwünschte*** Veränderungen. Etwas ganz Ähnliches sagte nämlich der bereits erwähnte Klaus Schwab, Leiter des bekannten "Weltwirtschaftsforums" (WEF, World Economic Forum) im schweizerischen Davos, auf dem sich die Eliten dieses Planeten regelmäßig versammeln, um darüber zu diskutieren, welchen Kurs die Welt in den kommenden Jahren ihrer Ansicht nach nehmen sollte. Die Corona-Pandemie, so Schwab, böte der Welt eine einmalige Chance, eine großartige Gelegenheit, die bis zu ihrem Ausbruch aufgelaufenen wirtschaftlichen, sozialen und ökologischen Probleme zügig anzugehen und einen umfassenden Umbau der Weltwirtschaft voranzutreiben:

"Das Weltwirtschaftsforum (WEF) und sein Gründer Klaus Schwab sehen in der Corona-Pandemie eine Chance, die Welt zu verbessern", hieß es in der "Handelszeitung" am 28.12.2020.[9]

"Es mag unlogisch klingen, aber Covid-19 könnte der Moment sein, in dem die Welt eine zweite Chance hat, es richtigzumachen", schrieb "euronews" am 19.11.2020. "Die globale Ungerechtigkeit wurde durch die Pandemie auf brutale Weise aufgedeckt: das sich vertiefende Wohlstandsgefälle, die Ungleichheit der

---

[9] "«The Great Reset»: Was steht da wirklich drin?", https://www.handelszeitung.ch/panorama/the-great-reset-was-steht-da-wirklich-drin

Gesundheitsversorgung, die Arbeitsplatzunsicherheit, die sich verschärfende Klimakrise sowie die Entlarvung von Führungskräften, die für sich selbst und nicht für ihre Bürger arbeiten. Aber sie hat auch auf beispiellose Weise gezeigt, dass die Welt gemeinsam und schnell für das Allgemeinwohl handeln kann. Professor Klaus Schwab, Gründer und geschäftsführender Vorsitzender des Weltwirtschaftsforums, glaubt, dass ein globaler Neuanfang möglich ist."[10]

"Viele von uns", schreibt Schwab in seinem Buch "Covid 19: The Great Reset" (auf Deutsch erschienen als "Covid 19: Der große Umbruch"), "fragen sich, wann wir wieder zur Normalität zurückkehren. **Die kurze Antwort ist: *nie*.** *Nichts wird je wieder zu dem kaputten Gefühl von Normalität zurückkehren, das vor der Krise geherrscht hat*, weil die Coronavirus-Pandemie einen fundamentalen Wendepunkt in unserer *globalen Entwicklung* markiert. Manche Analysten nennen es eine Weggabelung, andere eine Krise biblischen Ausmaßes, aber im Kern läuft es darauf hinaus, *daß es die Welt, wie wir sie in den ersten Monaten von 2020 kannten, nicht mehr gibt.* **Sie hat sich im Kontext der Pandemie aufgelöst.**"[11]

"Wie das »Time Magazine« bemerkte: »Die COVID-19-Pandemie hat eine einzigartige Gelegenheit geboten, über die Art von Zukunft nachzudenken, die wir uns wünschen«", schrieb Dr. Mercola in einem Artikel vom 16. November 2020. "Dieselbe Aussage wurde in den letzten Monaten von einer Reihe von Politikern und Organisationen auf der ganzen Welt gemacht. Schwabs Buch, »COVID-19: The Great Reset« appelliert auch an Branchenführer und Entscheidungsträger, »die Pandemie gut zu nutzen« und »die Krise nicht ungenutzt verstreichen zu lassen«. **Übrigens ist der Eigentümer des »Time Magazine«** und Gründer von »Salesforce«, Mark Benioff, **auch Vorstandsmitglied des Weltwirtschaftsforums**, mit dem Reset-Plan also eindeutig bestens vertraut. Das Problem ist, daß der Plan zwar als ein Weg verkauft wird, um endlich ein faires und gerechtes Leben für alle Menschen zu ermöglichen, die erforderlichen Opfer aber nicht für die Technokraten gelten, die das System betreiben. Letztendlich wird der Große Reset zu zwei Schichten oder Bevölkerungsgruppen führen: die technokratische Elite, die die ganze Macht hat

---

[10] "Klaus Schwab: »Wir können nicht zur alten Normalität zurückkehren«", https://de.euronews.com/2020/11/17/klaus-schwab-wir-konnen-nicht-zur-alten-normalitat-zuruckkehren

[11] "Rückkehr zur Normalität darf es nicht geben, weil das Weltwirtschaftsforum den Großen Neustart will", https://norberthaering.de/die-regenten-der-welt/boris-johnson-great-reset/, Hervorhebungen durch mich.

und über alle Vermögenswerte herrscht, und die übrige Menschheit, die keine Macht, kein Vermögen und kein Mitspracherecht hat".[12]

Schwab schreibt außerdem: "Es ist unsere Aufgabe, den Stier bei den Hörnern zu packen. **Die Pandemie gibt uns die Chance**: Sie stellt eine **seltene und eng befristete Gelegenheit** dar, über unsere Welt nachzudenken, sie uns neu vorzustellen, und einen Neustart zu wagen."[13]

Mit anderen Worten: Ganz unabhängig davon, ob SARS-Cov-2 nun zufällig oder planvoll erschien, ob es sich tatsächlich um eine "Laune der Natur" handelte oder ein Laborprodukt – oder hier überhaupt ein Virus im Spiel ist, da dieses ja bis heute nicht wirklich eindeutig nachgewiesen wurde -, ist schon aufgrund solcher Äußerungen ***unstrittig,* daß sie *politisch instrumentalisiert werden soll.*** Denn um die Frage aus einem der letzten Absätze noch einmal zu wiederholen: Gab es wirklich gar keine andere Wahl, als ganze Länder und ihre Volkswirtschaften "abzuschalten" bzw. herunterzufahren? Waren Lockdowns wirklich die einzige mögliche Lösung?

Nicht nur Schwab, sondern auch andere bekannte Persönlichkeiten, die sich schon in der Vergangenheit für eine "Global Governance", also eine "Weltregierung" aussprachen, haben diese Forderung vor dem Hintergrund der Corona-Krise erneuert. Ich gehe davon aus, daß den meisten Lesern der Name Henry Kissinger wohl ein Begriff sein dürfte. Er gilt als einer der größten Fürsprecher einer "Neuen Weltordnung" und betonte schon bei vielen Gelegenheiten ebenfalls die angebliche Notwendigkeit einer "Global Governance", einer vermehrten globalen Zusammenarbeit zur Lösung größerer Krisen. Zuletzt - was Covid-19 - betrifft - in einem Gastbeitrag für das "Wall Street Journal" vom 3. April 2020:

"Die Realität ist, daß die Welt nach dem Coronavirus nie mehr dieselbe sein wird“. An dieser Stelle muß ich gleich mal zwischenfragen: Wieso sind Schwab und Kissinger sich diesbezüglich eigentlich so erstaunlich einig? Hat der eine vom anderen „abgepinnt“? Oder haben Schwabs Ideen Kissinger evtl. „inspiriert“? Iwo. Die Antwort lautet: Weil beide zum selben machtelitären Zirkel gehören, auf dessen Konto diese Umgestaltung der Welt durchgesetzt werden soll, deshalb.

---

[12] "Wer hat den großen Resetknopf gedrückt?", https://axelkra.us/wer-hat-den-grossen-resetknopf-gedrueckt/, Hervorhebungen durch mich.
[13] ebda.

Doch weiter in Kissingers Skript: „Jetzt über die Vergangenheit zu streiten, macht es nur noch schwieriger, das zu tun, was getan werden muss. [...] Aufklärerische Denker [argumentierten], daß der Zweck des legitimen Staates darin bestünde, für die Grundbedürfnisse der Menschen zu sorgen ... ***Der Einzelne kann diese Dinge nicht allein sichern.*** Die Pandemie hat einen Anachronismus ausgelöst, eine Wiederbelebung der ummauerten Stadt in einem Zeitalter, in dem der Wohlstand vom globalen Handel und der Freizügigkeit der Menschen abhängt. Während der Angriff auf die menschliche Gesundheit (durch Covid) hoffentlich nur vorübergehend sein wird, könnte der politische und wirtschaftliche Umbruch, den er ausgelöst hat, über Generationen andauern Kein Land, nicht einmal die USA, kann den Virus in einer rein nationalen Anstrengung überwinden. **Die Auseinandersetzung mit den *Notwendigkeiten* des Augenblicks muss letztlich mit einer *globalen gemeinschaftlichen Vision* und *einem globalen Programm* verbunden sein."**[14]

Moment. Ist das derselbe Kissinger, der einmal sagte, es sei seine "Überzeugung [...] daß man mit der Kontrolle der Lebensmittel Menschen kontrollieren kann, und daß man durch die Kontrolle der Energie, insbesondere des Öls, Nationen und ihre Finanzsysteme kontrollieren kann. Indem Lebensmittel und Öl zusammen mit dem Weltwährungssystem ***internationaler Kontrolle*** unterstellt werden, könnte nach Kissingers Meinung eine lose geknüpfte Weltregierung bis 1980 eine Realität werden"?[15] Na dann. Bemerkenswert ist auch Kissingers Behauptung, der „Einzelne“ könne die Grundbedürfnisse seines Lebens „nicht allein“ sichern. Ein „Schubser“ in Richtung Kollektivismus? Ja sicher. Kollektivistische Ideologien und Politiken wurden von diesen Eliten schon immer gerne gefördert und propagiert. Weil es ihnen das „Massenmanagement“ erleichtert. Der amerikanische Geschichtsprofessor Antony C. Sutton schrieb dazu in seinem Buch „Wall Street und der Aufstieg Hitlers“:

"In der gesamten jüngeren Geschichte ist die Geschichte der Operation Keelhaul wohl die ekelerregendste. Die Operation Keelhaul beinhaltete die zwanghafte

---

[14] "The Coronavirus Pandemic Will Forever Alter the World Order", https://www.wsj.com/articles/the-coronavirus-pandemic-will-forever-alter-the-world-order-11585953005?mod=opinion_lead_pos5, Hervorhebung durch mich.

[15] Dies schrieb der amerikanische Kolumnist Paul Scott, zitiert nach E.R. Carmin, "Das Schwarze Reich", Verlag Ralph Tegtmeier, S. 217, Hervorhebung durch mich.

Repatriierung von Millionen von Russen auf Anordnung von Präsident (damals General) Dwight D. Eisenhower und war eine direkte Verletzung der Genfer Konvention von 1929 und der langjährigen amerikanischen Tradition des politischen Asyls. Die Operation Keelhaul, die unseren sämtlichen Begriffen von Anständigkeit und individueller Freiheit zuwiderläuft, wurde auf direkte Anordnung General Eisenhowers durchgeführt und war, so dürfen wir heute annehmen, **Teil eines weitreichenden Programms zur Förderung des Kollektivismus**, sei es der sowjetische Kommunismus, des Hitlerfaschismus oder Roosevelts New Deal. Dennoch wurde jeder, der es bis zur jüngsten Veröffentlichung dokumentarischen Beweismaterials durch Julius Epstein anzudeuten wagte, daß Eisenhower Millionen unschuldiger Einzelpersonen für politische Zwecke verraten haben könnte, boshaften und gnadenlosen Angriffen ausgesetzt. **Was diese revisionistische Geschichte uns wirklich lehrt ist, daß unsere Bereitwilligkeit als einzelne Bürger, politische Macht an eine Elite abzugeben**, die Welt von 1820 bis 1975 etwa zweihundert Millionen Menschenleben gekostet hat. Hinzu kommen das unsägliche Elend der Konzentrationslager und der politischen Gefangenen, die Unterdrückung und Unterbindung derer, die bemüht sind, die Wahrheit ans Tageslicht zu bringen. Wann wird das alles ein Ende nehmen? Es wird kein Ende nehmen, solange wir nicht nach dem einen einfachen Axiom handeln: daß das Machtsystem nur so lange besteht, wie *Einzelne* das wollen, und daß es nur so lange besteht, wie *Einzelne* den Versuch unternehmen, etwas umsonst zu bekommen. **Der Tag, an dem eine Mehrheit von Einzelpersonen erklärt, sie wolle nichts von der Regierung beziehungsweise danach handelt; an dem sie erklärt, sie werde sich um ihr eigenes Wohl und ihre Interessen selbst kümmern** - an *diesem* Tag **sind die Machteliten zu ihrem Schicksal verurteilt.**"[16]

Zurück zur „Krise als Chance"-Politik. In ein ähnliches Horn blies Prof. Dr. Bert Rürup in Deutschland, nämlich im "Handelsblatt": "Die Coronakrise läutet in der

[16] Antony C. Sutton, "Wall Street und der Aufstieg Hitlers", herausgegeben von Andreas Bracher, Perseus Verlag, Basel, 2008, basierend auf der englischen Originalausgabe, erschienen bei 1976 Bloomfield Books, England, S. 174. Hervorhebungen durch mich mit Ausnahme der kursiv gesetzten Wörter, die aus dem Buchtext übernommen wurden.

Weltpolitik ein neues Zeitalter ein".[17] Darin werden die negativen Folgen eines nationalstaatlich-egoistischen Vorgehens in dieser Krise beschworen, und auch wenn Rürup es nicht direkt ausspricht, ist klar, worauf es hinausläuft: bessere ***globale*** Abstimmung der Politik.

Und der "Spiegel" überschrieb einen Artikel vom 19.3.2020 mit: "Coronavirus-Krise: **Wir brauchen eine Weltregierung".** Allerdings hat man diese Schlagzeile schnell geändert - ruft man den Artikel heute auf, steht dort: "Jeder gegen jeden, globale Edition".[18] Zum Beweis deshalb ein Screenshot:

www.spiegel.de › Politik › Ausland

Coronavirus-Krise: Wir brauchen eine Weltregierung - DER ...

19.03.2020 — Ja, ich wünsche unverbindliche Angebote des **SPIEGEL**-Verlags und der manager magazin Verlagsgesellschaft (zu Zeitschriften, Büchern, ...

Also: Wie genau kam diese "Pandemie" eigentlich zustande? Woher rühren die vom RKI (Robert Koch-Institut) ständig vermeldeten "hohen Infektionszahlen"? Was genau haben sie zu bedeuten? Heißt das wirklich, daß alle, die als "infiziert" gemeldet werden, auch krank, also symptomatisch werden und andere anstecken? Und wie werden diese Zahlen eigentlich ermittelt? Wie funktioniert der allseits bekannte RT-PCR-Test eigentlich? Stimmt es, daß die Welt unbedingt einen Impfstoff gegen Covid-19 braucht? Müssen wir, wie Microsoft-Gründer Bill Gates sich ausdrückte, wirklich alle Menschen auf diesem Planeten impfen, um zu so etwas wie einer "Normalität" zurückkehren zu können?[19] Und warum

---

[17] https://www.handelsblatt.com/meinung/gastbeitraege/analyse-serie-global-challenges-die-coronakrise-laeutet-in-der-weltpolitik-ein-neues-zeitalter-ein/26589716.html?ticket=ST-4034156-MY2IXecZGkRFWSehl6mt-ap6

[18] https://www.spiegel.de/politik/ausland/coronavirus-krise-wir-brauchen-eine-weltregierung-a-058a25cf-646a-466f-a969-7a40a517feb0

[19] "Wir werden den zu entwickelnden Impfstoff letzendlich sieben Milliarden Menschen verabreichen [...] Zu der Normalität vor Corona werden wir erst dann zurückkehren können, wenn wir entweder ein Wundermittel gefunden haben, das in 95% der Fälle hilft, oder wenn wir einen Impfstoff entwickelt haben. [...] Langfristig wird die Produktion so hoch gefahren, daß alle Menschen auf unserem Planeten damit geimpft werden können.", https://www.facebook.com/tagesschau/videos/2509304459175441/. Die

schlugen manche deutschen Politiker bereits vor, Geimpften mehr Privilegien zu gewähren als Ungeimpften? Dazu später im Buch mehr.

Mithin wäre zu fragen: Läßt sich eine Krise dieser Dimension, also von weltweiten Ausmaßen, überhaupt "orchestrieren" - eine Behauptung, die im Internet zuhauf kursiert? Das ist doch völlig unmöglich!

Nichts ist unmöglich - Corooona! Denn wie definiert man überhaupt eine Pandemie? Ist eine solche Definition, einmal aufgestellt, unveränderlich, steht sie für alle Zeiten fest? Oder könnte man vielleicht durch eine Änderung dieser Definition ein gewünschtes Ergebnis erzielen? Eines, das die rasche Umsetzung einer geopolitischen Agenda erlauben könnte, einer großen globalen Transformation hin zu einer "neuen Weltordnung", einem technokratischen Umbau von Wirtschaft und Gesellschaft in weltweitem Maßstab? Und wäre das überhaupt „rasch" möglich? Oder ist es nicht eher so, daß eine so gewaltige Aufgabe viel Zeit benötigt - Zeit, die man sich dadurch erkaufen könnte, eine „Pandemie" künstlich zu verlängern? Wie lange werden wir also noch damit leben müssen? Nun, geht es nach Lothar Wieler, Chef des Robert Koch-Institutes (RKI), könnte sich die Chose, wer hätte das gedacht, noch etwas hinziehen: „Wir werden bis Ende 2022 voll in der Pandemie stecken".[20]

Zum Abschluß dieses Kapitels möchte ich Sie noch mit Aussagen konfrontieren, die für viele sicher unglaublich, vielleicht sogar völlig absurd klingen werden - so wie für mich, als ich sie vor vielen Jahren das erste Mal zu Gesicht bekam.

Lassen Sie uns für einen Augenblick annehmen, die täglichen Verlautbarungen der Massenmedien wären 100% korrekt und die "Corona-Pandemie" wäre tatsächlich so tödlich, wie stets behauptet wird. Nun, selbst das wäre – abseits der scheinbar offensichtlichen, offiziellen, „mainstreamigen" Erklärung eines tödlichen Virus, versteht sich - aus einer gewissen Perspektive keine Überraschung, nämlich aus der "Verschwörungsperspektive" - sofern man bereit ist, eine solche Sichtweise von Geschichte in Erwägung zu ziehen. Ein Autor

---

gesamte Abschrift des Interviews der ARD-"Tagesthemen" mit Bill Gates finden Sie am Ende dieses Buches im Anhang.

[20] https://www.welt.de/politik/deutschland/article230744289/RKI-zu-Corona-Werden-bis-Ende-2022-voll-in-der-Pandemie-stecken.html

namens Dr. John Coleman schrieb bereits vor 30 Jahren folgende Zeilen - und bitte vergessen Sie nicht, daß ich dies nicht als "Beweis" verstehe, sondern zunächst nur als Information, die im Zusammenspiel mit anderen Informationen ein bestimmtes Bild ergeben ***könnte***. Über die Absicht der herrschenden Eliten für die Zukunft des Planeten und der Menschheit schrieb Coleman also:

"Eine Eine-Welt-Regierung und ein Währungssystem **mit einer einzigen Währung**, unter einer permanenten, nicht gewählten, aber erblichen Machtstruktur, die ihre Nachfolger selbst aus ihren Reihen auswählt, um auf eine Wiederkunft der Feudalstruktur des Mittelalters hinzuarbeiten, in der dann die Eine-Welt-Bevölkerung verdummt dahinvegetieren wird. In dieser Einen Welt wird die Bevölkerung **durch diverse Verbote** eingeschränkt werden. [...] **Krankheiten**, Kriege und Hungersnöte werden sich um die »überflüssige Bevölkerung« kümmern, bis sie auf unter eine Milliarde Menschen dezimiert ist, die dann als Weltbevölkerung übrig bleiben und der Herrscherklasse nützlich sind [...] **Es wird keine Mittelschicht mehr geben**, nur Herrscher und Diener. [...] Das System wird nach den Regeln eines Wohlfahrtsstaates strukturiert sein. [...] *Jedem Individuum soll klar gemacht werden,* ***daß es völlig vom Staat abhängig ist, um überleben zu können***. [...] Die Bevölkerungen Kanadas, Westeuropas und der Vereinigten Staaten werden viel schneller dezimiert werden als die Bevölkerungen anderer Länder, bis die Weltbevölkerung ein kontrollierbares Niveau von einer Milliarde erreicht hat (...)".[21]

Aufmerksame Leser werden sich gewiß schon an diesem Punkt denken können, warum ich ganz bestimmte Formulierungen in diesem Zitat hervorgehoben habe. Moment mal: Es soll "*keine Mittelschicht mehr geben*"? Und jedem Individuum soll "klar gemacht" werden, daß es "*völlig vom Staat abhängig ist*", um "*überleben zu können*"? Woran erinnert das bloß?

Na zum Beispiel an die erwartbaren Folgen dauerhafter Lockdowns. Daran, daß diese Lockdowns vor allem kleinen und mittelständische Betrieben den Boden unter den Füßen wegziehen. Daran, daß die Politik immer wieder ankündigte, "großzügig" mit "Notkrediten" zu helfen. Daran, daß diese Notkredite bislang, wie die Presse bereits vermeldete, nur sehr spärlich fließen. Ja wo bleiben sie denn, die "Hilfsgelder"? Und kann man dabei überhaupt von "Hilfen" sprechen, oder läuft es womöglich darauf hinaus, daß, wie soll ich sagen, durch die Lockdowns

---

[21] Dr. John Coleman, "Die Hierarchie der Verschwörer - Das Komitee der 300", J.K. Fischer Verlag, S. 303-306, Hervorhebungen durch mich.

und die dadurch bedingten "staatlichen Hilfen" sowie die daraus gewiß resultierenden Rückzahlungsforderungen *Individuen klar gemacht werden soll*, daß sie "***völlig vom Staat abhängig***" sind, um "***überleben zu können***"?

Ich werde auf den "Verschwörungsaspekt" und darauf, daß gefährliche Erreger seit Jahren erforscht und angeblich sogar in Labors gezüchtet werden sollen, später nochmal eingehen. Schließlich schrieb Coleman schon vor dreißig Jahren, die Bevölkerung solle auch durch "Krankheiten" in Schach gehalten werden. Möglicherweise wird manch eine Pandemie ja gar keinen natürlichen Ursprung haben ... ist es wirklich nur reiner Zufall, daß bereits Warnungen vor weiteren Pandemien durch die Presse gingen? Bis hin zur Behauptung, wir lebten nun im "Zeitalter der Pandemien"?[22]

---

[22] "Das Zeitalter der Pandemien", https://www.zeit.de/kultur/2020-07/pandemien-geschichte-internationale-gesundheitspolitik-cholera-spanische-grippe-coronavirus/seite-2; "Das Zeitalter der Pandemien geht gerade erst los", https://www.welt.de/kultur/plus220901704/Soziale-Distanz-Das-Zeitalter-der-Pandemien-geht-gerade-erst-los.html; "Das Zeitalter der Pandemien hat begonnen", https://www.drze.de/bibliothek/presseschau/artikel?aid=59955; "Das Zeitalter der Pandemien geht gerade erst los", https://jörg-friedrich.de/2020/11/25/das-zeitalter-der-pandemien-geht-gerade-erst-los/

Wie die Änderung der Definition einer Pandemie unsere Welt verändert hat

Das war der Titel eines auf der Webseite des amerikanischen Arztes Dr. Joseph Mercola am 10. Dezember 2020 veröffentlichten Artikels.[23] "Mitte März 2020 hieß es in den Vorhersagen, dass COVID-19 2.2 Millionen Amerikaner töten würde, wenn es ungehindert seinen Lauf nähme", beginnt Mercola seine Analyse. "Ende März stufte Dr. Anthony Fauci, Direktor des »National Institute of Allergy and Infectious Diseases«, die prognostizierte Zahl der Todesopfer herab und sagte, wir würden wahrscheinlich 100.000 bis 240.000 Amerikaner sterben sehen. Am 8. April 2020 stufte ein neues Modell, das als Murray-Modell bezeichnet wird, die Bedrohung weiter herab und sagte voraus, dass COVID-19 bis August 2020 60.000 Menschen in den USA töten wird – eine Zahl, die immer noch 20.000 niedriger ist als die Zahl der Todesopfer, die die »Centers for Disease Control and Prevention« der saisonalen Grippe im Winter 2017/2018 zuschreiben. Jetzt, neun Monate nach Beginn der Pandemie, zeigen die Sterblichkeitsstatistiken eindeutig die Wahrheit: Die COVID-19-Pandemie ist nur dem Namen nach eine Pandemie. In Wirklichkeit gibt es keine übermäßige Sterblichkeit, und **wenn die Weltgesundheitsorganisation nicht die Definition von »Pandemie« geändert hätte**, wäre COVID-19 kein Thema mehr."[24]

Was genau wurde an der Definition einer Pandemie denn geändert? Wie sah die ursprüngliche Definiton aus?

"Die ursprüngliche Definition der WHO für eine Pandemie", so Mercola weiter, lautete: "»... wenn ein neues Influenzavirus auftaucht, gegen das die menschliche Bevölkerung keine Immunität besitzt, was weltweit zu mehreren, gleichzeitigen Epidemien mit einer enormen Zahl von Todesfällen und Krankheiten führt«. Der Schlüssel dieser Definition lautet »enorme Zahl von Todesfällen und Krankheiten«. Diese Definition wurde im Monat vor Ausbruch der

---

[23] "How Changing the Definition of Pandemic Altered Our World", https://articles.mercola.com/sites/articles/archive/2020/12/10/1976-swine-flu-pandemic.aspx. Die deutsche Übersetzung des Artikels finden Sie auf meiner Webseite http://axelkra.us

[24] ebda., Hervorhebung durch mich.

Schweinegrippe-Pandemie 2009 geändert. Es handelte sich um eine einfache, aber wesentliche Änderung: Sie entfernte lediglich die Kriterien des Schweregrades und der hohen Sterblichkeit und belässt die Definition einer Pandemie als »weltweite Epidemie einer Krankheit«. *Dieser Wechsel in der Definition ermöglichte es der WHO, die Schweinegrippe zur Pandemie zu erklären, nachdem weltweit nur 144 Menschen an der Infektion gestorben waren,* und deshalb wird COVID-19 immer noch als Pandemie propagiert, obwohl es in neun Monaten keine übermäßige Sterblichkeit verursacht hat. [...] *Indem das Kriterium einer schweren Krankheit, die eine hohe Morbidität verursacht, entfernt und* **nur noch dasjenige einer geografisch weit verbreiteten Infektion** *als einziges übrig gelassen wurde,* konnten die WHO und die technokratischen Führer der Welt die Weltbevölkerung dazu verleiten, unser Leben und unsere Lebensgrundlagen aufzugeben."[25]

Zur "Schweinegrippe" gibt es übrigens auch Interessantes zu sagen. Wie Sie nun wissen, war es der WHO durch eine Änderung der Pandemie-Definition möglich, diese Krankheit zur weltweiten Pandemie zu erklären. Dies führte zum Verkauf von Schnellimpfstoffen für Abermillionen Dollar. Nach der Impfung - nur wenige Monate waren verstrichen - wurden in verschiedenen Teilen der Welt Fälle von Behinderung oder sogar Todesfälle gemeldet, die mit dem H1N1-Impfstoff zusammenhingen.

"In der Folge stellte die Parlamentarische Versammlung des Europarates (PACE) den Umgang der WHO mit der Pandemie in Frage. Im Juni 2010 kam die PACE zu dem Schluss, daß »der Umgang der Weltgesundheitsorganisation (WHO), der EU-Gesundheitsbehörden und der nationalen Regierungen mit der Pandemie zu einer Verschwendung großer Summen öffentlicher Gelder sowie zu ungerechtfertigten Ängsten und Befürchtungen hinsichtlich der Gesundheitsrisiken, denen die europäische Öffentlichkeit ausgesetzt ist, geführt hat«. Konkret kam die PACE zu dem Schluss, daß es »überwältigende Beweise dafür gibt, daß die Schwere der Pandemie von der WHO bei weitem überschätzt wird« und daß die Arzneimittelindustrie die Entscheidungsfindung der Organisation beeinflusst hat. Eine gemeinsame Untersuchung des »British Medical Journal« und des »Bureau of Investigative Journalism« (BIJ) deckte auch

[25] a.a.O.

ernsthafte Interessenkonflikte zwischen der WHO – die die globale Impfagenda förderte – und den Arzneimittelherstellern auf, die diese Impfstoffe herstellten".[26]

Torsten Engelbrecht und Dr. med. Klaus Köhnlein schreiben im eingangs erwähnten Buch „Virus-Wahn" zur Schweinegrippen-„Pandemie":

„Die Diagnose »Schweinegrippe« beruhte einzig und allein auf Labortests, die nicht Viren, sondern bestimmte Eiweiß- und Genmoleküle nachweisen, wie sie in jedem Menschen vorkommen. Daß diese Moleküle zu krankmachenden Viren gehören sollen, ist eine – nicht belegte – Behauptung von etablierten Virologen und Behörden. Mithilfe dieser fragwürdigen Labortests werden willkürlich Menschen mit Erkältungssymptomen zu Schweinegrippetodeskandidaten und Gesunde zu »Virusträgern« abgestempelt [...] Die Seuchenhysterie war die direkte Folge einer weltweit grassierenden »Labortestseuche«: Es wird heute so viel getestet wie niemals zuvor, wie insbesondere auch der Corona-Wahnsinn, der sich 2020 Bahn brach, vor Augen führte (siehe Kapitel 11)".[27]

Die WHO hat übrigens nicht nur die Definition einer Pandemie geändert. Sondern auch die der "Herdenimmunität". Nämlich dahingehend, daß eine solche - laut WHO - nicht mehr auf natürlichem Wege enstehen kann (so wie in früheren Zeiten), sondern sich nur noch durch Impfung erreicht ließe. In einem auf der Webseite des "American Institute for Economic Research" (AIER) am 23. Dezember 2020 veröffentlichten Artikels schrieb Jeffrey A. Tucker:

"Vielleicht haben Sie das Gefühl, daß hier etwas faul ist?", fragt Tucker angesichts der im Laufe des Jahres 2020 zuweilen völlig zuwiderlaufenden und widersprüchlichen Aussagen hochrangiger Persönlichkeiten aus Politik und

---

[26] "Coronavirus-Betrugsskandal – der größte Kampf hat gerade erst begonnen", https://axelkra.us/coronavirus-betrugsskandal-der-groesste-kampf-hat-gerade-erst-begonnen/; "Handling of the H1N1 pandemic: PACE calls for safeguards against 'undue influence by vested interests'", https://pace.coe.int/en/news/2996; "Investigation Exposes WHO and Big Pharma Pandemic Flu »Conspiracy«", https://naturalsociety.com/world-health-organization-suspect-huge-flu-pandemic-scam/

[27] Torsten Engelbrecht, Dr. med. Klaus Köhnlein, Dr. med. Samantha Bailey, Dr. Stefano Scoglio, „Virus-Wahn. Corona/Covid-19, Masern, Schweinegrippe, Vogelgrippe, SARS, BSE, Hepatitis C, AIDS, Polio, Spanische Grippe. Wie die Medizinindustrie ständig Seuchen erfindet und auf Kosten der Allgemeinheit Milliardenprofite macht", BoD (Books on Demand), 10. Auflage 2021, S. 286

Gesundheitswesen. "Das Coronavirus", schreibt er weiter, lebte auf Oberflächen, bis es das nicht mehr tat. Masken haben nicht funktioniert, bis sie es taten, dann nicht mehr. Es gibt eine asymptomatische Übertragung, nur gibt es die nicht. Lockdowns funktionieren, um das Virus zu kontrollieren, außer sie tun es nicht. All diese Menschen sind krank, ohne Symptome, bis, schwupps, PCR-Tests krass ungenau sind, weil sie nie als Diagnosewerkzeug gedacht waren. Jeder ist durch das Virus gefährdet, außer er ist es nicht. Es breitet sich in Schulen aus, außer das tut es nicht. Und so geht es weiter. Täglich. Es ist kein Wunder, daß so viele Menschen aufgehört haben, irgendetwas zu glauben, was die »öffentlichen Gesundheitsbehörden« sagen. [...] Nun, jetzt habe ich ein weiteres Beweisstück, das ich dem kilometerhohen Haufen des fischigen Durcheinanders hinzufügen kann. **Die Weltgesundheitsorganisation hat aus unbekannten Gründen plötzlich ihre Definition eines Kernbegriffs der Immunologie geändert: Herdenimmunität**. Ihre Entdeckung war eine der größten Errungenschaften der Wissenschaft des 20. Jahrhunderts, die in den 1920er Jahren allmählich entstand und dann im Laufe des 20. Jahrhunderts immer weiter verfeinert wurde."

Tucker präsentiert im Artikel zwei Zitate von der WHO-Webseite in Form von Screenshots und kommentiert dazu mit Blick auf das Phänomen der Herdenimmunität:

"Und die Entdeckung dieser faszinierenden Dynamik in der Zellbiologie ist ein wesentlicher Grund dafür, daß die öffentliche Gesundheit im 20. Jahrhundert so klug wurde. Wir blieben ruhig. Wir haben Viren mit medizinischen Fachleuten gemanaged: Arzt-Patienten-Beziehungen. Wir vermieden die mittelalterliche Tendenz, mit brennenden Haaren herumzurennen, sondern nutzten stattdessen Rationalität und Intelligenz. Sogar die »New York Times« erkennt an, daß die natürliche Immunität bei Covid-19 stark ist, was nicht im Geringsten überraschend ist. Bis eines Tages diese seltsame Institution namens Weltgesundheitsorganisation – einst ruhmreich, weil sie hauptsächlich für die Ausrottung der Pocken verantwortlich war – plötzlich beschloss, alles zu löschen, was ich gerade zu den Grundlagen der Zellbiologie erläutert habe. Sie hat die Wissenschaft buchstäblich auf eine sowjetische Art und Weise verändert. Sie hat mit der Löschtaste jede Erwähnung von natürlichen Immunitäten von ihrer Website entfernt. Sie hat den zusätzlichen Schritt unternommen, die Struktur und Funktionsweise von Impfstoffen tatsächlich falsch darzustellen. Damit Sie mir glauben, werde ich versuchen, so präzise wie möglich zu sein. Hier ist die Website vom 9. Juni 2020. Sie können sie hier auf Archive.org sehen. Sie müssen auf der

Seite nach unten gehen und auf die Frage zur Herdenimmunität klicken. Sie sehen das Folgende."

What is herd immunity?

Herd immunity is the indirect protection from an infectious disease that happens when a population is immune either through vaccination or immunity developed through previous infection. This means that even people who haven't been infected, or in whom an infection hasn't triggered an immune response, they are protected because people around them who are immune can act as buffers between them and an infected person. The threshold for establishing herd immunity for COVID-19 is not yet clear.

Auf Deutsch: "Herdenimmunität ist der indirekte Schutz vor einer ansteckenden Krankheit, der auftritt, wenn eine Bevölkerung entweder durch Impfung immun wird ***oder eine Immunität, die durch vorherige Infektion erreicht wurde.*** Dies bedeutet, daß sogar Menschen, die nicht infiziert wurden oder in denen eine Infektion keine Immunantwort auslöste, geschützt sind, *weil die Menschen um sie herum, die immun sind, als Puffer zwischen ihnen und einer infizierten Person fungieren.* Die Schwelle zur Erreichung von Herdenimmunität für Covid-19 ist noch nicht klar."

"In einem Screenshot vom 13. November 2020", so Tucker weiter, "lesen wir jedoch die folgende Notiz, die irgendwie so tut, als ob der Mensch überhaupt kein Immunsystem hätte, sondern sich ganz auf Big Pharma verlässt, um uns irgendwas ins Blut zu spritzen."

What is herd immunity?

'Herd immunity', also known as 'population immunity', is a concept used for vaccination, in which a population can be protected from a certain virus if a threshold of vaccination is reached.

Herd immunity is achieved by protecting people from a virus, not by exposing them to it. *Read the Director-General's 12 October media briefing speech for more detail.*

Vaccines train our immune systems to develop antibodies, just as might happen when we are exposed to a disease but – crucially – vaccines work without making us sick. Vaccinated people are protected from getting the disease in question. *Visit our webpage on COVID-19 and vaccines for more detail.*

As more people in a community get vaccinated, fewer people remain vulnerable, and there is less possibility for passing the pathogen on from person to person. Lowering the possibility for a pathogen to circulate in the community protects those who cannot be vaccinated due to other serious health conditions from the disease targeted by the vaccine. This is called 'herd immunity'.

Übersetzung: "»Herdenimmunität«, auch bekannt als »Bevölkerungsimmunität«, ***ist ein für Impfungen genutztes Konzept***, bei dem eine Bevölkerung vor einem bestimmten Virus dadurch geschützt werden kann, daß eine Impfschwelle erreicht wird. Herdenimmunität wird dadurch erreicht, Menschen vor einem Virus zu schützen, nicht, sie ihm auszusetzen."

Dazu bemerkt Tucker in seinem Artikel: "Was diese Notiz bei der Weltgesundheitsorganisation bewirkt hat, ist die Streichung der gesamten, Millionen Jahre alten Geschichte der Menschheit in ihrem delikaten Tanz mit Krankheitserregern. Daraus kann man nur schließen, daß wir alle nichts weiter sind als leere und unverbesserliche Tafeln, auf die die Pharmaindustrie ihre Unterschrift setzt. Tatsächlich ignoriert diese Änderung bei der WHO 100 Jahre medizinischen Fortschritts in Virologie, Immunologie und Epidemiologie und macht sie sogar zunichte. **Sie ist durch und durch unwissenschaftlich – und dient der Impfstoffindustrie genau in der Art und Weise, wie es »Verschwörungstheoretiker« der WHO seit Beginn der Pandemie vorwerfen.** Noch merkwürdiger ist die Behauptung, daß ein Impfstoff die Menschen vor einem Virus schütze, anstatt sie ihm auszusetzen. Das Erstaunliche an dieser Behauptung ist, daß ein Impfstoff genau dadurch funktioniert, daß das Immunsystem durch die Exposition gegenüber einem Virus angefeuert wird. Warum ich diese Worte tippen musste, ist mir wirklich unbegreiflich. Das ist schon seit Jahrhunderten bekannt."[28]

Die WHO änderte also die Definition von "Herdenimmunität" dahingehend, es handele sich um ein "für Impfungen genutztes Konzept". An dieser Stelle muß ich nochmal zum Vorwort zurückspringen. Sie erinnern sich gewiß noch an das Zitat von Bill Gates: **"Wir werden den zu entwickelnden Impfstoff letzendlich *sieben Milliarden Menschen* verabreichen** [...] Zu der Normalität vor Corona werden wir erst dann zurückkehren können, wenn wir entweder ein Wundermittel gefunden haben, das in 95% der Fälle hilft, oder wenn wir einen Impfstoff entwickelt haben. [...] Langfristig wird die Produktion so hoch gefahren, ***daß alle Menschen auf unserem Planeten damit geimpft werden können***."

---

[28] "WHO entfernt Hinweis auf natürlich erworbene Herdenimmunität von ihrer Webseite", https://axelkra.us/who-entfernt-hinweis-auf-natuerlich-erworbene-herdenimmunitaet-von-ihrer-webseite-aier/, Hervorhebungen durch mich.

Würde es Sie nun sehr überraschen, wenn ich Ihnen sage, daß eben dieser Herr Gates zu den größten finanziellen Sponsoren der WHO gehört?

"Die Weltgesundheitsorganisation WHO wird mittlerweile zu 80 Prozent von privaten Geldgebern und Stiftungen finanziert", hieß es in einem Artikel des SWR mit dem Titel "Die WHO am Bettelstab: Was gesund ist, bestimmt Bill Gates". Weiter heißt es darin: "Größter privater Geldgeber ist die Bill und Melinda Gates-Stiftung. Seit der Jahrtausendwende hat die Gates-Stiftung der WHO insgesamt **2,5 Milliarden Dollar gespendet** – 1,6 Milliarden davon für die Ausrottung von Polio, Kinderlähmung. Insgesamt gibt die Stiftung jährlich vier Milliarden Dollar aus. Das Geld fließt in einen Globalen Fonds zur Bekämpfung von Aids, Tuberkulose und Malaria, in die medizinische Forschung und in Impfpartnerschaften mit Pharmakonzernen."[29]

Ob hier eventuell ein krasser Interessenskonflikt vorliegt? Könnte es sein, daß die WHO ihre Definition von "Herdenimmunität" änderte, weil ihr größter Geldgeber, die "Bill und Melinda Gates-Stiftung", sie mit mehreren tausend Millionen Dollar pimpte und weil Gates außerdem einer der größten Investoren in die Impfstoffindustrie ist, sich von diesen Investments also selbstverständlich eine satte Rendite erhofft? Auf Seite 32 sehen Sie eine Übersicht der Investitionen, die Gates nicht nur bei Organisationen wie der WHO tätigte, sondern auch bei der Presse ... die stets unabhängig, objektiv und neutral berichtet, versteht sich ...

Ich habe im Laufe des Jahres 2020 weit über 400 Artikel dazu auf meiner Webseite veröffentlicht, zusammengetragen aus unterschiedlichen Quellen, darunter viele Ärzte und Wissenschaftler. Manche, so wie Mercola, behaupten, das Virus sei nicht tödlicher als die jährlich auftretende saisonale Grippe; andere behaupten das Gegenteil, es sei also viel tödlicher als die Influenza.

Auf dem Portal "The Blaze" hieß es dazu: "In anderen Staaten können die Befürworter von Lockdowns theoretisch behaupten, der Grund dafür, daß die Krankenhauszahlen nicht schlechter sind, läge an den Maßnahmen, die sie ergriffen haben. Allerdings dient Florida als perfekte Kontrollgruppe, da es dort keinen Lockdown gibt und seit einigen Monaten keine landesweiten

[29] "Die WHO am Bettelstab: Was gesund ist, bestimmt Bill Gates", https://www.swr.de/swr2/wissen/who-am-bettelstab-was-gesund-ist-bestimmt-bill-gates-100.html, Hervorhebung durch mich.

Beschränkungen mehr gelten."[30] Die Hospitalisierungsrate im Jahr 2018 betrug 1.972 Krankenhausaufenthalte pro 1 Million Menschen. Heute, zu "Corona-Zeiten", sind es 1.998.

Es ist wirklich nicht leicht, sich durch diesen "Informationsdschungel" zu kämpfen, um ein halbwegs klares Bild zu bekommen. Und es hilft auch nicht viel, zu glauben, man könne eine sichere, zuverlässige Orientierung dadurch erlangen, sich an "die Wissenschaft" zu halten - zum einen, weil es "die" Wissenschaft im Sinne einer einhelligen Meinung im Falle Covid-19 bzw. SARS-Cov-2 nicht gibt, zum zweiten, weil so manche Wissenschaftler leider nicht darüber erhaben sind, käuflich zu sein (es gibt durchaus Ärzte, die eher als Pharmavertreter anzusehen wären ...), zum dritten, weil es sich um eine nach wie vor in ständiger Bewegung befindliche Entwicklung handelt, bei der natürlich neue Erkenntnisse auftreten können, die ältere Informationen eventuell revidieren. Was soll man nun glauben? Den offiziell verlautbarten Zahlen oder denen, die in alternativen Medien zirkulieren?

So hieß es z.B. in einem auf der Webseite "Collective Evolution" am 27.12.2020 erschienenen Artikel: "Es gibt eine Vielzahl von Fragen, die von der wissenschaftlichen und medizinischen Gemeinschaft aufgeworfen werden, die die Informationen, die wir von den Mainstream-Medien hinnsichtlich Covid-19 erhalten, in Frage stellen. Eine dieser Fragen dreht sich um die Anzahl der COVID-19-Fälle und die Tests, die verwendet werden, um festzustellen, wie viele Fälle es gibt. [...] Im Juli schrieb Professor Carl Heneghan, Direktor des Zentrums für evidenzbasierte Medizin an der Universität Oxford und unverblümter Kritiker der aktuellen britischen Reaktion auf die Pandemie, einen Artikel mit dem Titel »Wie viele Covid-Diagnosen sind falsch positiv?«. Er argumentierte, dass der Anteil der positiven Tests, die falsch sind, auch in Großbritannien bis zu 50 % betragen könnte. Bereits 2007 veröffentlichte Gina Kolata in der »New York Times« einen Artikel darüber, wie die Ausrufung von Viruspandemien aufgrund von PCR-Tests in einem Desaster enden kann. Der Artikel trug den Titel »Faith

---

[30] "Horowitz: With no lockdown or mask mandate, Florida has roughly same hospitalization level as 2018 flu season", https://www.theblaze.com/op-ed/horowitz-with-no-lockdown-or-mask-mandate-florida-has-roughly-same-hospitalization-level-as-2018-flu-season

in Quick Test Leads to Epidemic That Wasn't« ("Der Glaube an den Schnelltest führte zu einer Pandemie, die es gar nicht gab")."[31]

---

[31] "Arzt erklärt, was mit Covid-19 Fallzahlen nicht stimmt", https://axelkra.us/arzt-erklaert-was-mit-covid-19-fallzahlen-nicht-stimmt-collective-evolution/; "How many Covid diagnoses are false positives?", https://www.spectator.co.uk/article/how-many-covid-diagnoses-are-false-positives-; "Faith in Quick Test Leads to Epidemic That Wasn't", https://www.nytimes.com/2007/01/22/health/22whoop.html

Bill Gates und seine Investitionen in Deutschland

V1.03

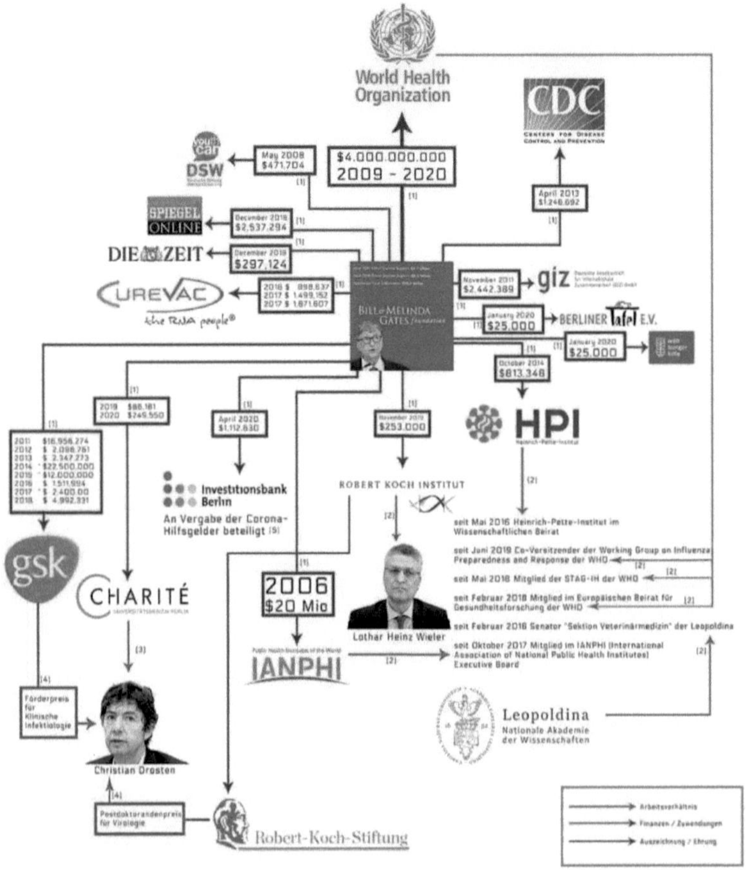

[1] https://www.gatesfoundation.org/How-We-Work/Quick-Links/Grants-Database#
[2] https://www.rki.de/SharedDocs/Lebenslauf/Wieler_Lothar_H.html
[3] https://www.bundesaerztekammer.de/fileadmin/user_upload/downloads/pdf-Ordner/WB/Lebenslaeufe/Drosten.pdf
[4] https://www.general-anzeiger-bonn.de/news/politik/deutschland/ndr-podcast-mit-christian-drosten-informiert-ueber-sars-cov-2_aid-49849881
[5] https://www.ibb.de/de/foerderprogramme/soforthilfe-corona.html

Der Übersicht auf der letzten Seite zufolge erhielt die Wochenzeitung "Die Zeit" fast 300.000 Dollar von Gates; das Magazin "Der Spiegel" soll sogar stattliche zweieinhalb Millionen erhalten haben. Ob das womöglich der Grund ist, warum beide Blätter sich allerredlichste Mühe geben, "Impfskeptiker" als totale Spinner hinzustellen? Vor allem "Die Zeit" tut sich dabei in letzter Zeit in auffälliger Weise hervor. So hieß es in einem Artikel vom 13. Januar 2021: "Lange vermutete unser Autor Verschwörungstheorien weit weg in rechten Chatgruppen. Dann erreichten sie seine Mutter, eine Pflegerin. Sie zögert, sich impfen zu lassen."[32] Ja was denn. Ist seine Mutter etwa Nazi? So wie alle "Verschwörungstheoretiker", sofern man der Weidenzaunpresse glauben möchte. Dabei gibt es durchaus gute Gründe, der Impfstoffindustrie bzw. "Big Pharma" und manchen ihrer Impfstoffe kritisch gegenüberzustehen. Auch davon wird später im Buch noch die Rede sein.

---

[32] https://www.zeit.de/gesellschaft/2021-01/impfskepsis-pflegekraefte-corona-nebenwirkungen-verschwoerungstheorien-familie

Der RT-PCR-Test: Maß aller Dinge?

Dr. Robert Hagen, auf den im Artikel verwiesen wird, arbeitete an der "Lafayette Orthopaedic Clinic" in Indiana und ist außerordentlicher Professor an der Indiana University. Am 7. November 2020 erschien auf der Webseite "Medpage Today" sein Artikel "Here's What's Wrong With COVID-19 Case Counts"[33] (Was mit den Covid-19-Fallzahlen nicht stimmt). Nachfolgend Hagens Artikel in ganzer Länge, da eine Präsentation nur in Auszügen aufgrund des dargestellten Sachzusammenhanges nicht möglich war.

"Die Schwere der COVID-19-Infektion in den USA lässt sich nicht leugnen, aber die Anzahl der gemeldeten positiven Tests kann zu Verwirrung führen – vor allem für diejenigen unter uns in Universitätsstädten. Die meisten von uns im Gesundheitswesen haben ein recht gutes Verständnis von Mathematik, sind aber nicht sehr versiert auf dem Gebiet der Statistik. Leider hat das mangelnde Verständnis des statistischen Prinzips der Base Rate Fallacy/des Falsch-Positiv-Paradoxons zu einigen verwirrenden Zahlen geführt.

Ein klassischer Artikel aus dem Jahr 1978 im »New England Journal of Medicine« zeigt dieses Problem auf. Die Forscher stellten 60 Harvard-Ärzten und Medizinstudenten eine scheinbar einfache Frage: Wenn ein Test zum Nachweis einer Krankheit mit einer Prävalenz von 1/1.000 eine Falsch-Positiv-Rate von 5 % hat, wie hoch ist dann die Chance, dass eine Person mit einem positiven Ergebnis tatsächlich die Krankheit hat? Nur 14% gaben die richtige Antwort, also 2%, die meisten antworteten mit 95%. Der Basisratentrugschluss/das falsch-positiv-Paradoxon leitet sich vom Bayes-Theorem ab. Wenn die Inzidenz einer Krankheit in einer Population niedrig ist, werden, sofern der verwendete Test keine sehr hohe Spezifizität aufweist, mehr falsch-positive als richtig-positive Ergebnisse ermittelt. Der Unterschied in den Zahlen kann recht eklatant sein und ist sicherlich nicht per se verständlich.

Wir haben in der Vergangenheit aus den routinemäßigen PSA-Tests und Mammographien gelernt, dass ein positiver Test in einer Screening-Situation im

---

[33] "Here's What's Wrong With COVID-19 Case Counts", https://www.medpagetoday.com/infectiousdisease/covid19/89522

Kontext betrachtet werden muss. Die Inzidenz einer Krankheit in der Bevölkerung, die man testet, ist extrem wichtig für die Genauigkeit. Die Purdue-Universität hat im späten Frühjahr die Entscheidung getroffen, den Präsenzunterricht für die Herbstsaison wieder aufzunehmen. Purdue ist eine große Forschungsuniversität mit einem starken Schwerpunkt auf MINT-Ausbildung. Viele dieser Kurse beinhalten Praktika, Laborsitzungen und Gruppenprojekte, die eine persönliche Anwesenheit erfordern.

Ein ausgeklügelter Plan wurde umgesetzt, einschließlich einer von allen Studenten unterzeichneten Verpflichtung, sich korrekt zu verhalten, Masken zu tragen und soziale Distanz zu wahren. Es wurde beschlossen, jede Woche Stichproben bei 10 % der Studenten und Mitarbeiter durchzuführen. Da es an der Purdue Universität 50.000 Mitarbeiter und Studenten insgesamt gibt, werden jede Woche 5.000 Tests durchgeführt. Der Zweck der stichprobenartigen Tests war die Überwachung, um Studenten und Mitarbeiter zu korrektem Verhalten anzuhalten. Die Gesundheitsbehörde des Bundesstaates Indiana riet von einem Stichprobenprogramm ab, da sie der Meinung war, dass die Genauigkeit der Daten insgesamt schwierig wäre. In unserem Bezirk kam es zu einer Vermischung der Daten von Personen, die MIT Symptomen getestet wurden, mit den zufällig getesteten Purdue-Studenten OHNE Symptome. Die Base Rate Fallacy/das Falschpositiv-Paradoxon wird leider ignoriert, wenn man so vorgeht.

Bis zu diesem Punkt hat Purdue zufällige Tests bei etwa 1.000 Studenten pro Wochentag durchgeführt. Von diesen sind etwa 35 pro Tag positiv, laut dem Dashboard der Universität. Studenten, die positiv getestet werden, müssen sich in einem Wohnheim isolieren oder nach Hause gehen. Diejenigen, die sich dafür entscheiden, nach Hause zu gehen, lassen oft einen weiteren Test bei ihrem persönlichen Arzt durchführen. Wenn diese Tests negativ ausfallen, entsteht erhebliche Verwirrung. Bislang haben 90 % der positiv getesteten Studenten keine Symptome entwickelt. Nur einer wurde ins Krankenhaus eingeliefert und keiner ist gestorben. Hätte Purdue sich entschieden, alle 50.000 Studenten und Mitarbeiter wöchentlich zu testen, wäre die 10-fache Anzahl an positiven Tests pro Woche gemeldet worden. Wären diese Daten mit den Tests der symptomatischen Personen vermischt worden, hätte es sicherlich einen Aufschrei des zufälligen Beobachters gegeben dahingehend, alles wieder zu schließen. Doch diese Zahlen wären nur repräsentativ für die Positivität der Massentests, nicht für die Prävalenz der infizierten Patienten.

Diese 35 Studenten, die täglich positiv getestet werden, werden zu den Gesamtzahlen unseres Landkreises addiert (viele dieser positiven Tests des Kreises werden bei Personen mit COVID-19-Symptomen durchgeführt). Somit sieht es so aus, als ob sich die Anzahl der positiven Tests in unserem Bezirk verdoppelt hätte, seit Purdue im August mit dem Präsenzunterricht begann. Die Zahlen haben unser Bezirksgesundheitsamt veranlasst, vorsichtig zu sein. Restaurantbesuche, Sportveranstaltungen und andere große Versammlungen werden wieder stärker eingeschränkt, als es die staatlichen Anforderungen verlangen. Ohne die Spezifizität des Tests zu kennen, ist die Anzahl dieser positiven Ergebnisse, die falsch-positiv sind, unbekannt.

Wenn die Spezifizität eines Tests 95 % beträgt, gibt es bei einer Population mit einer Krankheitsinzidenz von 2 % – wie z. B. gesunde College-Studenten und -Mitarbeiter – aufgrund der Base Rate Fallacy/des Falschpositiv-Paradoxons 5 falsch-positive Ergebnisse auf 2 richtig-positive Ergebnisse (die tatsächliche Inzidenz von aktivem COVID-19 bei Studenten im College-Alter ist nicht bekannt, wird aber nach Daten der Indiana University/Fairbanks auf weniger als 0,6% geschätzt). Selbst die Verwendung eines Tests mit 99 % Spezifizität bei einer Bevölkerungsinzidenz von 1 % führt zu 10 falsch-positiven Ergebnissen für je 9 richtig-positive Ergebnisse. Wenn man den gleichen Test bei Patienten mit COVID-19-Symptomen anwendet, weil deren Erkrankungshäufigkeit 50 % oder mehr beträgt, muss der Test nicht perfekt sein. Selbst bei Verwendung eines Tests mit nur 90 % Spezifizität wird die Anzahl der falsch-positiven Ergebnisse viel geringer sein.

Die tatsächliche Sensitivität und Spezifizität der COVID-19-Tests sind nicht bekannt, da diese Tests von der FDA im Rahmen einer Notfallautorisierung genehmigt wurden. Die Angaben der Hersteller sind von der Behörde noch nicht bestätigt worden. Die Tests sind »gut genug« für die Diagnose von Patienten mit Symptomen, aber nicht annähernd so effektiv, wenn sie für ein stichprobenartiges Testprogramm verwendet werden. Da diese Gruppen nicht separat ausgewiesen werden, haben wir wirklich keine Ahnung, was in unserer Stadt los ist. Glücklicherweise führt Purdue sein eigenes Dashboard und mit einigen Berechnungen können ihre Daten aus den Bezirksdaten extrahiert werden, um uns eine grobe Schätzung zu geben. Auch wegen der zusätzlichen Tests, die zur Verfügung stehen, führt Indiana jetzt bis zu 40.000 COVID-Tests pro Tag durch. Vor acht Wochen waren es noch 20.000 Tests pro Tag. Unser Staat hat eine

Bevölkerung von 6,5 Millionen. Durch diese erhöhte Anzahl von Tests werden nun 4 % der Bevölkerung von Indiana jede Woche auf COVID-19 getestet.

Purdue hat die Verwendung eines seriellen Testprotokolls diskutiert. Antigen-Tests werden bei der Zufallsbevölkerung eingesetzt, mit anschließenden bestätigenden PCR-Tests für jeden, der zunächst positiv getestet wird. Dies sollte die Anzahl der falsch-positiven Ergebnisse verringern und hoffentlich verhindern, dass so viele unter Quarantäne gestellt werden. Sicherlich steigen die Positivitätsraten hier an. Kontaktpersonen sagen positiven Getesten, die nirgendwo isoliert werden können, dass sie in der Notaufnahme ihres Krankenhauses untersucht werden sollen. Könnte das der Grund für die vermehrten Krankenhauseinweisungen sein? Vor einer Woche wurden in unseren beiden örtlichen Krankenhäusern mit zusammen 350 Betten 18 Patienten mit einer COVID-Diagnose aufgenommen. Die Zahl der COVID-Todesfälle in Indiana liegt bei durchschnittlich 23 pro Tag, aber auch diese Zahl steigt an. Es ist also alles sehr verwirrend. Idealerweise würden die Personen, die MIT Symptomen getestet werden, getrennt von denen, die zufällig OHNE Symptome getestet werden, gemeldet werden.

Personen, die durch Kontaktverfolgung identifiziert wurden und sich in der Nähe eines COVID-Patienten MIT Symptomen aufhalten (>10% Inzidenz von positiven COVID-Tests), wären eine weitere Kategorie und diejenigen, die durch Kontaktverfolgung identifiziert wurden und sich in der Nähe einer positiv getesteten Person OHNE Symptome aufhalten (>1% Inzidenz von COVID), wären eine vierte. Werfen Sie alle diese vier Gruppen zusammen, wenn Sie wollen, aber verstehen Sie bitte, dass Sie dann kein wahres Bild von dem bekommen, was vor sich geht. Wir müssen Äpfel mit Äpfeln und Orangen mit Orangen vergleichen, anstatt aus dem Ganzen nur Obstsalat zu machen. Schlechte Entscheidungen können aufgrund eines Missverständnisses von Statistiken getroffen werden."

Hagen ist beileibe nicht der einzige Arzt, der die Fallzahlen, die durch den PCR-Test ermittelt werden, in Frage stellt. Der belgische Arzt Dr. Pascal Sacré veröffentlichte auf der Webseite "Global Research" am 5. November 2020 einen Artikel[34], in dem er mit der Anwendung des PCR-Tests bei Covid-19 sehr hart ins

---

[34] "The COVID-19 RT-PCR Test: How to Mislead All Humanity. Using a »Test« To Lock Down Society", https://www.globalresearch.ca/covid-19-rt-pcr-how-to-mislead-all-humanity-using-a-test-to-lock-down-society/5728483

Gericht und sogar so weit ging, zu schreiben: "Es ist an der Zeit, daß alle aus dieser negativen Trance, dieser kollektiven Hysterie herauskommen, denn Hungersnot, Armut, Massenarbeitslosigkeit werden viel mehr Menschen töten als SARS-CoV-2!".[35]

Zum Verständnis der wissenschaftlichen Zusammenhänge sind auch hier etwas längere Auszüge nötig.

"Alle aktuelle Propaganda zur COVID-19-Pandemie", so Sacré, "basiert auf einer Annahme, die als offensichtlich und wahr gilt und nicht mehr in Frage gestellt wird: Ein positiver RT-PCR-Test bedeute, dass man an COVID erkrankt sei. Diese Annahme ist irreführend. Nur sehr wenige Menschen, einschließlich Ärzte, verstehen, wie ein PCR-Test funktioniert. RT-PCR bedeutet »Real-Time-Polymerase-Chain-Reaction«. In der Medizin verwenden wir dieses Hilfsmittel hauptsächlich zur Diagnose einer Virusinfektion. Ausgehend von einer klinischen Situation mit dem Vorhandensein oder Fehlen bestimmter Symptome bei einem Patienten betrachten wir verschiedene Diagnosen auf der Grundlage von Tests. Bei bestimmten Infektionen, insbesondere Virusinfektionen, wenden wir die RT-PCR-Technik an, um eine diagnostische Hypothese zu bestätigen, die sich aus einem klinischen Bild ergibt. Wir führen routinemäßig keine RT-PCR bei Patienten durch, die überhitzt sind, husten oder an einem entzündlichen Syndrom leiden! Es handelt sich um eine labortechnische molekularbiologische Technik der Genamplifikation, weil sie durch Amplifikation nach Genspuren (DNA oder RNA) sucht. Weitere Anwendungsgebiete sind neben der Medizin die Genetik, Forschung, Industrie und Forensik. Die Technik wird in einem **spezialisierten Labor** durchgeführt, sie kann in keinem normalen Labor, auch nicht in einem Krankenhaus, durchgeführt werden. Dies ist mit gewissen Kosten und einer Verzögerung von manchmal mehreren Tagen zwischen der Probe und dem Ergebnis verbunden. Heute, seit dem Auftauchen der neuen Krankheit mit der Bezeichnung COVID-19 (**CO**rona **VI**rus **D**isease-2019), wird die RT-PCR-Diagnosetechnik zur Definition positiver Fälle verwendet, die als SARS-CoV-2 (Coronavirus, das für das neue akute Atemnotsyndrom mit der Bezeichnung COVID-19 verantwortlich ist) bestätigt wurden. Diese positiven Fälle werden zu

[35] "Der COVID-19 RT-PCR-Test: Wie man die gesamte Menschheit in die Irre führt und mit einem »Test« die Gesellschaft einsperrt", https://axelkra.us/der-covid-19-rt-pcr-test-wie-man-die-gesamte-menschheit-in-die-irre-fuehrt-und-mit-einem-test-die-gesellschaft-einsperrt-dr-pascal-sacre/

COVID-19-Fällen gehäuft, von denen **einige** ins Krankenhaus oder sogar auf Intensivstationen eingewiesen werden.

Dies ist das Ausgangspostulat, die Prämisse aller offiziellen Propaganda, die alle restriktiven Maßnahmen der Regierung rechtfertigt: Isolierung, Lockdowns, Quarantäne, obligatorische Masken, Farbcodes nach Ländern und Reiseverbote, Nachverfolgung, soziale Distanzierung in Unternehmen, Geschäften und sogar, was noch wichtiger ist, in Schulen. Dieser Missbrauch der RT-PCR-Technik wird von einigen Regierungen, unterstützt von wissenschaftlichen Sicherheitsräten und den vorherrschenden Medien, als **unerbittliche und vorsätzliche Strategie eingesetzt, um überzogene Maßnahmen zu rechtfertigen**, wie die Verletzung einer großen Zahl von verfassungsmäßigen Rechten, die Zerstörung der Wirtschaft mit dem Bankrott ganzer aktiver Sektoren der Gesellschaft, die Verschlechterung der Lebensbedingungen für eine große Zahl normaler Bürger – alles unter dem Vorwand einer Pandemie, **die auf einer Reihe positiver RT-PCR-Tests und nicht auf einer realen Anzahl von Patienten beruht.**"

"Die PCR-Technik", so Sacré weiter, "wurde 1986 von dem Chemiker Kary B. Mullis entwickelt. Kary Mullis wurde 1993 mit dem Nobelpreis für Chemie ausgezeichnet. [...] Da die Analyse in Echtzeit und kontinuierlich durchgeführt werden kann, wird die **RT** (Real-Time)-**PCR** noch effizienter. Sie kann auf jedes Molekül angewendet werden, auch auf die Nukleinsäuren der Lebenden, die aus folgendem Genmaterial bestehen:

- DNA (Desoxyribonukleinsäure)
- RNA (Ribonukleinsäure)

[...] Durch **eine Amplifikationstechnik (Multiplikation) wird das gesuchte Molekül hervorgehoben, und dieser Punkt ist sehr wichtig. RT-PCR ist eine Amplifikationstechnik.** Wenn in einer Probe DNA oder RNA des gewünschten Elements vorhanden ist, ist es nicht als solches identifizierbar. Diese DNA oder RNA muss mehrere Male, manchmal sehr oft, amplifiziert (vervielfältigt) werden, bevor sie nachgewiesen werden kann. Von einer winzigen Spur können bis zu Milliarden an Kopien aus einer bestimmten Probe erhalten werden, was aber nicht bedeutet, dass diese Menge in dem zu untersuchenden Organismus in vollem Umfang vorhanden ist. Im Fall von COVID-19 ist das von der RT-PCR gesuchte Element SARS-CoV-2, ein RNA-Virus. [...] Im Falle von SARS-CoV-2, einem RNA-Virus, ist ein zusätzlicher spezifischer Schritt erforderlich, eine Transkription von RNA in DNA mit Hilfe eines Enzyms, der reversen Transkriptase. Dieser Schritt geht der Amplifikationsphase voraus. Es wird nicht das gesamte Virus identifiziert, sondern Sequenzen seines viralen Genoms. Dies bedeutet nicht, dass diese Gensequenz, ein Fragment des Virus, nicht spezifisch für das gesuchte Virus ist, aber sie ist dennoch eine wichtige Nuance: **Die RT-PCR zeigt kein Virus, sondern nur Teile, spezifische Gensequenzen des Virus."**

Sacré erläutert auch den wichtigen "Ct-Wert". "Ct" steht für "Cycle Time" oder "Cycle Treshhold", also "Zyklusschwelle":

"Wichtig ist der Begriff der Zykluszeit oder Zyklusschwelle oder Ct-Positivitätsschwelle. Ein RT-PCR-Test ist negativ (keine Spuren des gewünschten Elements) oder positiv (Vorhandensein von Spuren des gewünschten Elements). Aber selbst wenn das gewünschte Element in einer winzigen, vernachlässigbaren Menge vorhanden ist, besteht das Prinzip des RT-PCR-Tests darin, das gewünschte Element schließlich hervorzuheben, indem die Amplifikationszyklen so oft wie nötig fortgesetzt werden. Die RT-PCR kann bis zu 60 oder sogar noch mehr Amplifikationszyklen durchführen! Und so funktioniert es:

Zyklus 1: Ziel x 2 (2 Kopien)
Zyklus 2: Ziel x 4 (4 Kopien)
Zyklus 3: Ziel x 8 (8 Kopien)
Zyklus 4: Ziel x 16 (16 Kopien)
Zyklus 5; Ziel x 32 (32 Kopien)

Etc. etc. - exponentiell bis zu 40 oder 60 Zyklen!

Wenn wir sagen, dass der Ct (Cycle Time oder Cycle Threshold oder RT-PCR-Positivitätsschwelle) gleich 40 ist, bedeutet dies, **daß das Labor 40 Amplifikationszyklen verwendet hat, d.h. 240 Kopien erhalten hat**. Dies ist die Grundlage für die **Sensitivität** des RT-PCR-Assays. Es stimmt zwar, dass wir in der Medizin gerne eine hohe Spezifizität und Sensitivität der Tests haben, um falsch positive und falsch negative Ergebnisse zu vermeiden, aber im Falle der COVID-19-Krankheit ist diese durch die Anzahl der verwendeten Amplifikationszyklen verursachte Überempfindlichkeit des RT-PCR-Tests nach hinten losgegangen. **Diese Überempfindlichkeit des RT-PCR-Tests ist schädlich und irreführend!** Sie löst uns von der medizinischen Realität, die auf dem realen klinischen Zustand der Person basieren muss: Ist die Person krank, hat sie Symptome? [...] Wir vergleichen die Testergebnisse ständig mit dem klinischen Zustand des Patienten (Symptome und Anzeichen), der bei unseren Entscheidungen und Behandlungen Vorrang vor allem anderen hat.

Heute zwingen uns unsere Regierungen, unterstützt durch ihre wissenschaftlichen Sicherheitsratschläge, das Gegenteil zu tun und den Test an die erste Stelle zu setzen, gefolgt von einer klinischen Reflexion, die notwendigerweise durch diesen vorherigen Test beeinflusst wird, dessen Schwächen wir gerade gesehen haben, insbesondere seine Überempfindlichkeit. Keiner meiner klinischen Kollegen kann mir widersprechen. Abgesehen von sehr speziellen Fällen wie dem genetischen Screening für bestimmte Bevölkerungskategorien (Altersgruppen, Geschlecht) und bestimmte Krebsarten oder familiäre genetische Krankheiten arbeiten wir immer in diese Richtung: von der Person (Symptome, Anzeichen) zu den entsprechenden Tests, niemals umgekehrt. [...] Im Falle einer Infektionskrankheit, insbesondere einer Viruserkrankung, ist der Begriff der Infektiosität ein weiteres wichtiges Element.

Da einige wissenschaftliche Kreise der Ansicht sind, daß eine asymptomatische Person das Virus übertragen kann, halten sie es für wichtig, auf das Vorhandensein eines Virus zu testen, auch wenn die Person asymptomatisch ist, und so die Indikation der RT-PCR auf alle auszudehnen. Sind RT-PCR-Tests gute Tests auf Infektiosität? Diese Frage bringt uns zurück zum Begriff der Viruslast und damit der Ct. Der Zusammenhang zwischen Ansteckungsfähigkeit und Viruslast wird von einigen Leuten bestritten, und kein formaler Beweis erlaubt es uns bis heute, eine Entscheidung zu treffen. Der gesunde Menschenverstand spricht jedoch eindeutig dafür, daß das Ansteckungsrisiko im Verhältnis zur Viruslast und zur Bedeutung der Symptome einer Person umso höher ist, je mehr Virus in ihr vorhanden ist, insbesondere in den oberen Atemwegen (Oropharynx und Nasopharynx), mit Symptomen wie Husten und Niesen. Dies wird als gesunder Menschenverstand bezeichnet, und obwohl die moderne Medizin stark vom Beitrag der Wissenschaft durch Statistik und evidenzbasierte Medizin (EBM) profitiert hat, basiert sie immer noch hauptsächlich auf gesundem Menschenverstand, Erfahrung und Empirie. [...] **Oberhalb von Ct 35 wird es unmöglich, eine komplette Virussequenz zu isolieren und zu kultivieren!** In Frankreich und in den meisten Ländern werden auch heute noch Ct-Werte über 35, ja sogar 40, verwendet!

[...]

Positive RT-PCR-Tests, ohne jegliche Erwähnung des Ct oder seines Zusammenhangs mit dem Vorhandensein oder Nichtvorhandensein von Symptomen, werden von unseren Regierungen als das ausschliessliche Argument benutzt, um ihre Politik der Strenge, Isolation und Aggression gegenüber unseren Freiheiten zu rechtfertigen, inklusive der Unmöglichkeit zu reisen, sich zu treffen und normal zu leben. **Es gibt keine medizinische Rechtfertigung für diese Regierungsentscheidungen!** In einem Artikel, der am Samstag, den 29. August auf der Website der »New York Times« (NYT) veröffentlicht wurde, sind amerikanische Experten der Harvard-Universität überrascht, dass RT-PCR-Tests der Art, wie sie derzeit praktiziert werden, als Ansteckungstests dienen sollen, mehr noch – als Beweis für das Fortschreiten einer Pandemie im Falle einer SARS-CoV-2-Infektion. Ihrer Meinung nach führt der betrachtete Schwellenwert (Ct) zu positiven Diagnosen bei Menschen, die kein Risiko für die Übertragung des Virus darstellen! Die binäre »Ja/Nein«-Antwort reicht nicht aus, so der Epidemiologe von der Harvard University School of Public Health. [...] Dies stellt die Verwendung des binären Ergebnisses dieses RT-PCR-Tests in Frage, um festzustellen, **ob eine Person ansteckend ist und strenge Isolationsmassnahmen befolgen muss.**

Diese Fragen werden von vielen Ärzten auf der ganzen Welt aufgeworfen, nicht nur in den Vereinigten Staaten, sondern auch in Frankreich, Belgien (**belgische Gesundheitsexperten fordern eine Untersuchung der WHO wegen Vortäuschung einer Coronavirus-Pandemie**), Deutschland, Italien, Grossbritannien, den Vereinigten Staaten, Spanien ..."

Dann führt Sacré einige Beispiele von Medizinern und Gesundheitsbehörden an, die genau dieselben Fragen gestellt haben wie er:

"Fast kein Labor gibt den Ct (Anzahl der durchgeführten Amplifikationszyklen) oder die Anzahl der Kopien der viralen RNA pro µl Probe an. Keine Erwähnung von Ct. In der NYT [New York Times, Anm. meinerseits] stellten Experten drei Datensätze mit Beamten aus den Staaten Massachusetts, New York und Nevada zusammen, in denen sie [die Amplifikationszyklen, Anm. meinerseits] erwähnt werden. Schlussfolgerung? »Bis zu 90% der Personen, die positiv getestet wurden, trugen kein Virus in sich.« Das Wadworth Center, ein Laboratorium des Staates New York, analysierte auf Ersuchen der NYT die Ergebnisse seiner Tests vom Juli: 794 positive Tests mit einem Ct von 40. »Mit einem Ct-Schwellenwert von 35 würde ungefähr die Hälfte dieser PCR-Tests nicht mehr als positiv angesehen werden«, schrieb die NYT. »Und etwa 70% würden bei einem Ct-Schwellenwert von 30 nicht mehr als positiv angesehen werden!« In Massachusetts wären zwischen 85 und 90% der Personen, die im Juli mit einem Ct von 40 positiv getestet wurden, mit einem Ct von 30 als negativ eingestuft worden, fügt die NYT hinzu. Und doch mussten sich all diese Menschen isolieren, mit all den dramatischen psychologischen und wirtschaftlichen Folgen, obwohl sie nicht krank und wahrscheinlich überhaupt nicht ansteckend waren. In Frankreich drängen das Centre National de Référence (CNR) und die Französische Gesellschaft für Mikrobiologie (SFM) weiterhin auf Ct 37 und empfehlen den Labors, nur ein Gen des Virus als Primer zu verwenden. Ich erinnere Sie daran, daß es ab Ct 32 sehr schwierig wird, das Virus zu kultivieren oder eine vollständige Sequenz zu extrahieren, was den völlig künstlichen Charakter der Positivität dieser Tests mit so hohen Ct-Werten (über 30) zeigt. Über ähnliche Ergebnisse berichteten Forscher der britischen Gesundheitsbehörde in einem Artikel, der am 13. August in »Eurosurveillance« veröffentlicht wurde: »Die Wahrscheinlichkeit, das Virus zu kultivieren, sinkt bei Proben mit Ct-Werten über 35 auf 8%«."[36]

Und er schließt mit den Worten:

"Wenn es mir gelungen ist, diese Informationen selbst zu sammeln, Daten von kompetenten Personen, die über jeden Verdacht des »Verschwörungstheoretikertums« erhaben sind – wie z.B. Hélène Banoun, Pierre Sonigo, Jean-François Toussaint, Christophe De Brouwer, deren Intelligenz, intellektuelle Ehrlichkeit und Legitimität nicht in Frage gestellt werden kann – dann wissen das natürlich auch die wissenschaftlichen Berater der Regierungen Belgiens, Frankreichs, Quebecs usw. Also wie weiter? Was geht hier vor sich? [...] All dies [die Lockdowns und andere Maßnahmen wie soziale Distanzierung, Isolation etc., meine Anmerkung] wird tiefe, dauerhafte und negative Auswirkungen auf den menschlichen Organismus haben, in seiner physischen, mentalen, emotionalen Kondition und was seine Repräsentation der Welt und der Gesellschaft betrifft. Das ist nicht normal! Wir können nicht länger zulassen, daß unsere Herrscher, aus welchen Gründen auch immer, unseren kollektiven Selbstmord organisieren."

Aus welchen Gründen auch immer? Nun, der Grund lautet in zwei Worten: "Großer Reset". Oder wie Klaus Schwab zu Covid-19 sagte (siehe Vorwort):

---

[36] a.a.O.

""Viele von uns fragen sich, wann wir wieder zur Normalität zurückkehren. **Die kurze Antwort ist: nie.**"

Sacré zufolge kann eine falsche Anwendung des RT-PCR-Tests also zu überzogenen Fallzahlen führen und somit den Eindruck erwecken, es mit unzähligen "Kranken" zu tun zu haben, mithin also einer flächendeckenden Pandemie. Nicht nur Sacré, auch die "American Association of Physicians and Surgeons" ("Amerikanische Vereinigung der Ärzte und Chirurgen") warnte davor:

"Was ist, wenn Sie einen positiven PCR-Test haben oder sich in einem Umkreis von 1,5 m von jemandem befunden haben, der einen positiven PCR-Test hatte? Sollten Sie in Quarantäne gezwungen werden? Wenn Sie jedes Mal, wenn Sie sprechen oder atmen, ein tödliches Virus verbreiten, stellen Sie eine Gefahr für die öffentliche Gesundheit dar. Aber wenn ein Abstrich lediglich einige Fragmente eines längst toten Virus aus dem Inneren Ihrer Nase entnommen hat, sind Sie nicht ansteckender als jeder andere. Die New York Times stellte am 29. August fest, daß die Ergebnisse des PCR-Tests (Polymerase-Kettenreaktion) selten Angaben darüber enthielten, wie oft das mögliche genetische Material amplifiziert werden musste, um es nachzuweisen. Einige setzten den Schwellenwert auf 40, empfindlich genug, um Fragmente nachzuweisen, »Überbleibsel von Infektionen, die kein besonderes Risiko darstellen – ein Haar in einem Raum zu finden, lange nachdem eine Person den Raum verlassen hat«. Dr. Michael Mina, Epidemiologe an der »Harvard T.H. Chan School of Public Health«, sagte, er werde den Schwellenwert auf 30 festlegen. Dann müsste in der Probe eines Patienten bis zu 1.000 Mal mehr genetisches Material vorhanden sein als im derzeitigen Standard, damit der Test ein positives Ergebnis liefert. Eine Überprüfung durch die Times ergab, dass »in drei von Beamten in Massachusetts, New York und Nevada zusammengestellten Testdatensätzen, die Zyklusschwellenwerte enthalten, **bis zu 90 Prozent der positiv getesteten Personen kaum ein Virus in sich trugen** [Hervorhebung hinzugefügt]«. Nach Angaben der Centers for Disease Control and Prevention (CDC) ist es extrem schwierig, in einer Probe lebende Viren oberhalb eines Schwellenwertes von 33 Zyklen nachzuweisen. Aber Beamte einiger staatlicher Labors sagten, das CDC habe sie nicht gebeten, Schwellenwerte zu notieren oder sie an Organisationen zur Ermittlung von Kontaktpersonen weiterzugeben. Viele Experten waren »fassungslos«, als sie von diesen hohen Raten falsch-positiver Ergebnisse erfuhren, die auf Spuren von Viren zurückzuführen waren, die entweder tot oder zu klein waren, um eine Infektion zu verursachen."[37]

Wenn die Vereinigung amerikanischer Ärzte und Chirurgen darauf hinweist, kann man nicht mehr von "Verschwörungstheorien" sprechen, die, wie Angela Merkel sich zu den von der Mainstreampresse so genannten "Corona-Leugnern" tatsächlich äußerte, "unsere Lebensweise" angreifen" (sic!).[38] Doch sollte Covid-19 wirklich nur ein "Deckmantel" sein, unter dem der "Große Reset" möglichst rasch umgesetzt werden soll - oder wie Schwab schrieb: "Die Pandemie gibt uns die Chance: Sie stellt eine seltene und **eng befristete Gelegenheit** dar" - wäre ja nur zu verständlich, warum alle, die sich diesem Narrativ entgegenstellen, selbst angesehene Mediziner und Wissenschaftler aus aller Herren Länder, möglichst mundtot gemacht werden sollen. Warum? Weil die federführenden Eliten hinter diesem Projekt natürlich sehr genau wissen, daß mit diesem Pandemie-Narrativ der gesamte "Great Reset", also der technokratische Umbau von Wirtschaft und Gesellschaft, steht und fällt. Man kann sich schließlich nicht wie der Terminator aus James Camerons gleichnamigem Film vor die "Massen", die man zu kontrollieren, beherrschen und in eine "Neue Weltordnung" zu überführen gedenkt, stellen und sagen: "Ich will dein Auto, deinen Arbeitsplatz, deine Reisen und deine bürgerlichen Freiheiten!". Man könnte aber sagen: "Es tut uns wirklich ganz schrecklich leid, ehrlich, aber wir haben keine andere Wahl. Die Pandemie zwingt uns dazu. Wir wollen doch nur euer Bestes. Es geht um unser aller Gesundheit!".

---

[37] "COVID-19: Was bedeutet ein positiver PCR-Test?", https://axelkra.us/covid-19-was-bedeutet-ein-positiver-pcr-test-association-of-american-physicians-and-surgeons/. Wer gleich den englischen Originalartikel aufrufen will: "COVID-19: What Does a Positive PCR Test Mean?", https://aapsonline.org/covid-19-what-does-a-positive-pcr-test-mean/

[38] "Das ist ja im Grunde ein Angriff auf unsere ganze Lebensweise", sagte Angela Merkel bei einer Diskussion mit Studierenden in einer Videokonferenz, https://www.tagesschau.de/inland/merkel-studierende-verschwoerungsideologie-101.html. Wobei natürlich erstmal die Frage zu klären wäre, wer eigentlich festlegt, was nun angeblich "Verschwörungstheorien" oder "-ideologien" sind. Diese Definition scheint nämlich sehr dehnbar zu sein. Heutzutage gilt man ja schon als "Alu-Hut", wenn man Verlautbarungen der Regierung in Zweifel zieht - auch dann, wenn man dafür durchaus triftige Gründe hat.

Auch eine Gruppe belgischer Ärzte veröffentlichte einen "Offenen Brief" an ihre Regierung, in dem sie die "Corona-Politik" scharf kritisierten:

"Wir, belgische Ärzte und Angehörige der Gesundheitsberufe, möchten unsere tiefe Besorgnis über den Verlauf der Ereignisse der letzten Monate im Zusammenhang mit dem Ausbruch des SARS-CoV-2-Virus zum Ausdruck bringen. Wir fordern die Politiker auf, sich unabhängig und kritisch über den Entscheidungsprozess und die verpflichtende Durchführung der Coronarmaßnahmen zu informieren. Wir fordern, daß die politische Diskussion über Corona wieder das Ziel ins Auge fasst, dem die Maßnahmen dienen sollen: die Verbesserung unserer öffentlichen Gesundheit in körperlicher, geistiger und emotionaler Hinsicht. Wir argumentieren, dass Maßnahmen zur Kontrolle des Coronavirus unverhältnismäßig sind und mehr Schaden als Nutzen anrichten. Für diese Politik gibt es keine medizinische Rechtfertigung mehr: Wir fordern daher die sofortige Einstellung aller Maßnahmen. Wir fordern die Wiederherstellung unserer normalen demokratischen Regierungs- und Rechtsstrukturen und eine offene Debatte, in der alle Experten ohne jede Form der Zensur angesprochen werden. [...] »Eine Lösung darf nicht schlimmer sein als die Krankheit« ist eine These, die in der aktuellen Situation aktueller ist denn je. Vor Ort stellen wir jedoch fest, daß die Kollateralschäden, die jetzt in der Bevölkerung verursacht werden, kurz- und langfristig größere Auswirkungen auf alle Bevölkerungsschichten haben werden als die Zahl der Corona-Opfer, die jetzt gesichert werden. Unserer Meinung nach stehen die derzeitigen Coronarmaßnahmen und die strengen Strafen bei Nichteinhaltung im Widerspruch zu den Werten, die vom belgischen Obersten Gesundheitsrat formuliert wurden, der bis vor kurzem als Gesundheitsbehörde stets für eine qualitativ hochwertige Medizin in unserem Land gesorgt hat: »Wissenschaft – Expertise – Qualität – Unparteilichkeit – Unabhängigkeit – Transparenz«. Wir glauben, daß die Politik verbindliche Maßnahmen eingeführt hat, die nicht ausreichend wissenschaftlich fundiert und einseitig ausgerichtet sind, und daß es in den Medien nicht genügend Raum für eine offene Debatte gibt, in der unterschiedliche Ansichten und Meinungen gehört werden. Darüber hinaus ist nun auch jede Gemeinde und Provinz bevollmächtigt, eigene Maßnahmen – begründet oder unbegründet – hinzuzufügen. Darüber hinaus steht die strikte, repressive Coronapolitik in scharfem Kontrast zu der bisher minimalen Politik der Regierung, wenn es um Krankheitsprävention, Stärkung des eigenen Immunsystems durch eine gesunde Lebensweise, optimale Versorgung mit Aufmerksamkeit für den Einzelnen und Investitionen in Pflegepersonal geht.

[...]

In den letzten Monaten schienen Zeitungs-, Radio- und Fernsehmacher fast unkritisch hinter dem Expertengremium und der Regierung zu stehen, wo gerade die Presse kritisch sein und eine einseitige Regierungskommunikation verhindern sollte. Dies hat zu einer öffentlichen Kommunikation in unseren Nachrichtenmedien geführt, die eher einer Propaganda als einer objektiven Berichterstattung glich. Unserer Meinung nach ist es die Aufgabe des Journalismus, Nachrichten so objektiv und neutral wie möglich zu bringen, mit dem Ziel, die Wahrheit zu finden und die Macht kritisch zu kontrollieren, wobei auch abweichenden Experten ein Forum gegeben wird, in dem sie sich äußern können. Diese Auffassung wird durch die journalistische Ethik unterstützt. Die offizielle Version, der zufolge ein Lockdown notwendig sei, dies die einzig mögliche Lösung sei und dass alle dahinter stünden, machte es für Menschen mit einer anderen Sichtweise, aber auch für Experten, schwierig, eine andere Meinung zu äußern. Alternative Meinungen wurden ignoriert oder lächerlich gemacht. Wir haben keine offenen Debatten in den Medien erlebt, in denen unterschiedliche Meinungen geäußert werden konnten.

Wir waren auch überrascht von den vielen Videos und Artikeln vieler wissenschaftlicher Experten und Behörden, die aus den sozialen Medien entfernt wurden und immer noch werden. Wir sind der Meinung, dass dies nicht zu einem freien, demokratischen Rechtsstaat passt, zumal es zu einem Tunnelblick führt. Diese Politik wirkt zudem lähmend und nährt Angst und Besorgnis in der Gesellschaft. In diesem Zusammenhang lehnen wir die Absicht einer Zensur von Dissidenten in der Europäischen Union ab! Auch die Art und Weise, wie Covid-19 von Politikern und Medien dargestellt wurde, hat der Situation nicht gut getan. Kriegsbegriffe waren populär und es fehlte nicht an kriegerischer Sprache. Es wurde oft von einem »Krieg« mit einem »unsichtbaren Feind« gesprochen, der »besiegt« werden müsse. Die Verwendung von Ausdrücken wie »Pflegehelden an der Front« und »Corona-Opfer« in den Medien hat die Angst weiter geschürt, ebenso wie die Vorstellung, daß wir es weltweit mit einem »Killervirus« zu tun hätten. Das unerbittliche Bombardement mit Zahlen, die Tag für Tag, Stunde für Stunde auf die Bevölkerung losgelassen wurden, ohne diese Zahlen zu interpretieren, ohne sie mit den Grippetodesfällen in anderen Jahren zu vergleichen, ohne sie mit Todesfällen aus anderen Ursachen zu vergleichen, hat in der Bevölkerung eine regelrechte Psychose der Angst ausgelöst. Das ist keine Information, das ist Manipulation.

Wir bedauern die Rolle der WHO in diesem Zusammenhang, die gefordert hat, die Infodemie (d.h. alle abweichenden Meinungen aus dem offiziellen Diskurs, auch von Experten mit unterschiedlichen Ansichten) ***durch eine beispiellose Medienzensur zum Schweigen zu bringen***. Wir fordern die Medien eindringlich auf, hier ihre Verantwortung zu übernehmen! Wir fordern eine offene Debatte, in der alle Experten gehört werden."[39]

Damit stehen belgische Ärzte und Mitarbeiter der Gesundheitsberufe nicht alleine. In Deutschland hat sich der "Außerparlamentarische Corona-Untersuchungssusschuß" gebildet, der in dieser Hinsicht ebenfalls viel wertvolle Aufklärungsarbeit betrieb.[40] Die bereits erwähnte "American Association of Physicians and Surgeons" veröffentliche am 29. Oktober 2020 einen Artikel, in dem sie vor noch verheerenderen Lockdowns warnte:

"Die AAPS gab die folgenden Kommentare zu diesem Thema heraus:

- Die »Great Barrington Declaration«, auf die sich Biden bezieht, wurde von mehr als 11.000 Ärzten und Wissenschaftlern weltweit unterzeichnet.
- In der Erklärung heißt es: »Als Epidemiologen für Infektionskrankheiten und Wissenschaftler im Bereich des öffentlichen Gesundheitswesens machen wir uns große Sorgen wegen der schädlichen Auswirkungen der vorherrschenden COVID-19-Politik auf die physische und psychische Gesundheit und empfehlen einen Ansatz, den wir Focused Protection nennen«.
- Die anfänglichen Sperrmaßnahmen, die 15 Tage dauern sollten, basierten auf Computermodellen, die mit der Vorhersage von 2 Millionen US-Todesfällen völlig falsch lagen.
- Die derzeitige Politik, insbesondere in Staaten wie Michigan, Kalifornien, New York und Oregon, verletzt grundlegende

---

[39] "Offener Brief von Ärzten und Gesundheitsfachleuten an alle Behörden in Belgien und die belgischen Medien – Docs4opendebate", https://axelkra.us/offener-brief-von-aerzten-und-gesundheitsfachleuten-an-alle-behoerden-in-belgien-und-die-belgischen-medien-docs4opendebate/, Hervorhebung durch mich.

[40] https://acu2020.org/

verfassungsmäßige Rechte und zerstört die Lebensgrundlagen von Menschen, die willkürlich als »nicht lebensnotwendig« erklärt werden.

- Es gibt keine »evidenzbasierte Medizin«, die die Wirksamkeit von Lockdowns und Maskentragen bei der Senkung der letztendlichen Sterblichkeit von COVID-19 zeigt.
- Dr. Fauci sagt voraus, daß sich das Leben erst Ende 2021 wieder normalisieren wird."[41]

Ergänzung: Im Text heißt es, die "Great Barrington Declaration"[42] sei von 11.000 Ärzten und Wissenschaftlern weltweit unterschrieben worden. Das war natürlich zum Zeitpunkt der Abfassung des zitierten Artikels der AAPS. Mittlerweile kommt diese Erklärung (zum Zeitpunkt der Niederschrift dieses Buches) auf 13.290 Unterschriften von Medizinern und anderen Wissenschaftlern, 40.199 von Mitarbeitern der Gesundheitsberufe sowie auf 727,142 Unterschriften besorgter Bürger.[43]

Wann haben Sie das letzte Mal von dieser "Great Barrington Declaration" in der Mainstream-Presse gelesen? Wann wurden das öffentlich unter Hinzuziehung von Fachleuten ausgiebig diskutiert? Oder im Bundestag mit Blick auf die beschlossenen Maßnahmen? Eben. Ich auch nicht. Es geht einfach unter. Oder besser gesagt: Es wird untergepflügt.

Übrigens, dies nur zur Ergänzung: Diese Erklärung wurde außerdem von folgenden Fachleuten unterzeichnet:

- Dr. Alexander Walker, Direktor bei World Health Information Science Consultants, früher Lehrstuhl für Epidemiologie, Harvard TH Chan School of Public Health, USA
- Dr. Andrius Kavaliunas, Epidemiologe und Assistenzprofessor am Karolinska-Institut, Schweden

---

[41] "AAPS warnt vor noch verheerenderen, ungerechtfertigten Lockdowns", https://axelkra.us/aaps-warnt-vor-noch-verheerenderen-ungerechtfertigten-lockdowns-association-of-american-physicians-and-surgeons/

[42] https://gbdeclaration.org/

[43] https://gbdeclaration.org/view-signatures/

- Dr. Angus Dalgleish, Onkologe, Experte für Infektionskrankheiten und Professor, St. George's Hospital Medical School, University of London, England
- Dr. Anthony J Brookes, Professor für Genetik, University of Leicester, England
- Dr. Annie Janvier, Professorin für Pädiatrie und klinische Ethik, Université de Montréal sowie Sainte-Justine University Medical Centre, Kanada
- Dr. Ariel Munitz, Professor für klinische Mikrobiologie und Immunologie, Universität von Tel Aviv, Israel
- Dr. Boris Kotchoubey, Institut für Medizinische Psychologie, Universität Tübingen, Deutschland
- Dr. Cody Meissner, Professor für Pädiatrie, Experte für Impfstoffentwicklung, -wirksamkeit und -sicherheit, Tufts University School of Medicine, USA
- Dr. David Katz, Arzt und Präsident, True Health Initiative sowie Gründer des Yale University Prevention Research Center, USA
- Dr. David Livermore, Mikrobiologe, Infektionsepidemiologe und Professor, University of East Anglia, England
- Dr. Eitan Friedman, Professor der Medizin, Universität von Tel Aviv, Israel
- Dr. Ellen Townsend, Professorin für Psychologie, Leiter der Self-Harm Research Group, University of Nottingham, England
- Dr. Eyal Shahar, Arzt, Epidemiologe und Professor (emiritiert) für öffentliche Gesundheit, University of Arizona, USA
- Dr. Florian Limbourg, Arzt und Hypertonieforscher, Professor an der Medizinischen Hochschule in Hannover, Deutschland
- Dr. Gabriela Gomes, Mathematikerin, die sich mit der Epidemiologie von Infektionskrankheiten beschäftigt, Professorin, University of Strathclyde, Scotland
- Dr. Gerhard Krönke, Arzt und Professor für translationale Immunologie, Universität von Erlangen-Nürnberg, Deutschland
- Dr. Gesine Weckmann, Professorin für Gesundheitserziehung und Prävention, Europäische Fachhochschule, Rostock, Deutschland

- Dr. Günter Kampf, außerordentlicher Professor, Institut für Hygiene und Umweltmedizin, Universität Greifswald, Deutschland

An dieser Stelle breche ich ab. Die Liste ließe sich noch lange fortsetzen, Sie können sie unter dem Link in der Fußnote einsehen (auf der Seite runterscrollen zu "Co-Signers").[44]

Mein Gott. So viele Verschwörungsideologen, die unsere Lebensweise bedrohen. Doch das macht nichts. Deutschland hat schließlich Christian Drosten und Karl Lauterbach. Hoch die Tassen. Doch ernsthaft: Angesichts der großen Zahl an Fachleuten aus aller Welt, die dem offiziellen Corona-Narrativ widersprechen, ist es ja kein Wunder, daß der Mainstream den Leuten stets nur einen Drosten oder einen Lauterbach als "Experten" vorführt, gerade so, als gäbe es in Deutschland gar keine anderen Experten mehr, die dazu etwas zu sagen hätten. Täten sie dies, würden sie wirklich umfassender berichten, müßten sie ja zugeben, daß es sehr wohl anderslautende Informationen gibt. Dann könnte die Bevölkerung allerdings merken, daß hier etwas nicht stimmen kann. Ergo: Germania est divisa inter homines tres: Drosten, Lauterbach, Wieler. Aller guten Dinge sind drei. Klingt doch nett.

Geben Sie mir bitte einen Augenblick. Beim Namen Drosten klingelt irgendwas in meinem Hinterkopf. Es liegt mir auf der Tastatur. Was war es bloß? Heureka! Jetzt weiß ich's. Ich wußte doch, daß mir der Herr bekannt vorkam:

"Einer der Charaktere, der 2009 mit seinen Weltuntergangsprophezeiungen für Panik sorgte, **war der deutsche Virologe Christian Drosten**, Leiter des Instituts für Virologie an der Universitätsklinik Bonn, bekannt für die Entwicklung des ersten diagnostischen Tests für SARS im Jahr 2003. ***Er entwickelte auch einen diagnostischen Test für die Schweinegrippe***".[45]

Mittlerweile fällt dieser merkwürdige Umstand - also der extrem enge Personenkreis, auf den sich die Bundesregierung in ihrer Entscheidungsfindung

---

[44] https://gbdeclaration.org/

[45] "Coronavirus-Betrugsskandal – der größte Kampf hat gerade erst begonnen", https://axelkra.us/coronavirus-betrugsskandal-der-groesste-kampf-hat-gerade-erst-begonnen/, Hervorhebungen durch mich.

zur "Corona-Politik" verläßt - allerdings auch dem Mainstrem auf. So fragte der bekannte Journalist Jan Fleischhauer im "Focus":

"Auch die Kanzlerin scheint sich in der Krise zu radikalisieren. Statt möglichst viele Stimmen zu hören, ***engt sie den Kreis der Berater auf Leute ein, die ihr alle das Gleiche empfehlen***: noch härtere Maßnahmen, noch länger."[46] Siehe oben. Sie muß es tun. Sie muß den Beraterkreis klein halten. Andernfalls müßte sie auch die unzähligen anderslautenden Stimmen zu Wort kommen lassen. Dann aber bestünde das Risiko, daß es mit dem geplanten "Neuen Normal" nichts wird. Und der steht nunmal auf dem weltpolitischen Programm. Sollten Sie also in irgendeinem Käseblättchen mal wieder lesen, Merkel sei "die mächtigste Frau Europas" oder gar der Welt, tun Sie sich selbst einen Gefallen und lachen Sie darüber. Laut und herzlich. Merkel ist eine "Befehlsempfängerin", eine "ausführende Produzentin" - aber sie hat nicht das "Drehbuch" geschrieben.

Ich könnte übrigens noch tonnenweise aus Artikeln und Interviews zitieren, in denen international anerkannte Fachleute - Epidemiologen, Virologen, Immunologen et al. - den offiziellen Behauptungen von Politik und Presse widersprechen, glaube aber, daß die bisher zusammengetragenen Informationen ausreichend sein sollten, interessierte Leser zu eigenen Recherchen zu ermutigen. Lassen Sie sich bloß nicht damit abspeisen, was Ihnen tagtäglich vorgesetzt wird, denn das ist nur die "halbe Wahrheit". Und manchmal noch nicht mal ein Hundertstel davon.

Doch es scheint, als wäre auch im Mainstream langsam ein Kopfkratzen vernehmbar. Schon der Fairness halber werde ich deshalb natürlich nicht verschweigen, daß z.B. in der Zeitung "Die Welt", die ansonsten immer stramm auf Regierungslinie war (und das nicht nur beim Thema Covid-19), in letzter Zeit zumindest einige Artikel erschienen, die das offizielle Narrativ hinterfragen - wenn auch in vielen Fällen mehr in Ansätzen, als "in die Vollen" zu gehen und bspw. diejenigen Informationen offen zu präsentieren und zur Diskussion zu stellen, die ich in diesem Buch zusammengetragen habe.

---

[46] "Ewiger Lockdown: Die zunehmende Selbstradikalisierung der Angela Merkel", https://www.focus.de/politik/deutschland/die-focus-kolumne-von-jan-fleischhauer-ewiger-lockdown-die-zunehmende-selbstradikalisierung-der-angela-merkel_id_12875377.html, Hervorhebung durch mich.

So fragte zum Beispiel auch die "Tagesschau" am 12. Januar 2021: "Warum sind die Zahlen immer noch so hoch?". Im Einleitungstext des Artikels heißt es: "Seit Anfang November befindet sich Deutschland wieder im Lockdown. Doch warum sind die Corona-Fallzahlen immer noch so hoch? Knapp 13.000 Neuinfektionen und fast 900 Tote meldet das RKI heute".[47]

Und bei "rbb24" hießt es: "Bisher gerade einmal fünf Grippefälle in Berlin seit Oktober". Allerdings schreibt man dieses erstaunliche Phänomen den politischen Maßnahmen zu: "Die Zahl der gemeldeten Grippefälle der vergangenen Monate in Berlin kann man an einer Hand abzählen. Auch andere Infektionskrankheiten kommen derzeit deutlich seltener vor - Abstandsregeln und Reiseverbote verhindern offenbar nicht nur Corona-Übertragungen".[48]

Könnte es eventuell daran liegen, daß Lockdowns - auch wenn die Politik dies gebetsmühlenartig wiederholt - eben doch nicht die Patentlösung zur Eindämmung sind? Sondern daß sie eben, es sei noch einmal wiederholt, der Umsetzung einer ganz anderen Politik dienen, die mit der „Eindämmung" einer „Pandemie" nicht gerade viel zu tun hat?

---

[47] https://www.tagesschau.de/inland/infektionszahlen-weiter-hoch-101.html

[48] https://www.rbb24.de/panorama/beitrag/2021/01/grippe-influenza-kaum-faelle-grippesaison.html

Sind Lockdowns wirklich unvermeidbar?

Das "American Institute for Economic Research" veröffentlichte zu dieser Frage einen Artikel, erschienen am 19.12.2020[49]. Darin wurden die Ergebnisse von 29 Studien vorgestellt, die zum Schluß kam, daß solche Maßnahmen nicht das Mittel der Wahl seien. Einige Auszüge:

"1. »Eine Analyse auf Länderebene zur Messung des Einflusses von Regierungsmaßnahmen, der Bereitschaft des Landes und sozioökonomischer Faktoren auf die COVID-19-Mortalität und damit verbundene Gesundheitsauswirkungen« von Rabail Chaudhry, George Dranitsaris, Talha Mubashir, Justyna Bartoszko, Sheila Riazi. EClinicalMedicine 25 (2020) 100464. »Vollsperrungen und weit verbreitete COVID-19-Tests waren nicht mit einer Verringerung der Anzahl kritischer Fälle oder der Gesamtsterblichkeit verbunden«.

2. »War Deutschlands Corona-Lockdown notwendig?« von Christof Kuhbandner, Stefan Homburg, Harald Walach, Stefan Hockertz. Advance: Sage Preprint, 23. Juni 2020. »Offizielle Daten des RKI deuten stark darauf hin, daß sich die Ausbreitung des Coronavirus in Deutschland autonom zurückgebildet hat, bevor irgendwelche Interventionen wirksam wurden. Mehrere Gründe für einen solchen autonomen Rückgang wurden vorgeschlagen. Einer ist, daß Unterschiede in der Anfälligkeit und im Verhalten der Wirte zu einer Herdenimmunität bei einem relativ niedrigen Prävalenzniveau führen können. Die Berücksichtigung individueller Unterschiede in der Anfälligkeit oder Exposition gegenüber dem Coronavirus ergibt ein Maximum von 17 % bis 20 % der Bevölkerung, die infiziert sein müssen, um eine Herdenimmunität zu erreichen, eine Schätzung, die empirisch durch die Kohorte des Kreuzfahrtschiffs Diamond Princess unterstützt wird. Ein weiterer Grund ist, daß auch die Saisonalität eine wichtige Rolle bei der Ausbreitung spielen kann«.

3. »Abschätzung der aktuellen Entwicklung der SARS-CoV-2-Epidemie in Deutschland« von Matthias an der Heiden, Osamah Hamouda. Robert Koch-

---

[49] "Lockdowns bringen das Coronavirus nicht unter Kontrolle: Die Beweise", https://axelkra.us/lockdowns-bringen-das-coronavirus-nicht-unter-kontrolle-die-beweise-aier/

Institut, 22. April 2020. »In der Regel entwickeln aber nicht alle Infizierten Symptome, nicht alle, die Symptome entwickeln, gehen zum Arzt, nicht alle, die zum Arzt gehen, werden getestet und nicht alle, die positiv testen, werden auch in einem Datenerfassungssystem erfasst. Außerdem liegt zwischen all diesen Einzelschritten eine gewisse Zeitspanne, sodaß kein noch so gutes Erhebungssystem ohne zusätzliche Annahmen und Berechnungen eine Aussage über den aktuellen Infektionsverlauf machen kann«.

[...]

6. »Professor Ben Israels Analyse der Virusübertragung. 16. April 2020«. »Einige mögen behaupten, daß der Rückgang der Anzahl zusätzlicher Patienten pro Tag ein Ergebnis der von der Regierung und den Gesundheitsbehörden verhängten strengen Lockdowns sei. Die Untersuchung der Daten verschiedener Länder auf der ganzen Welt wirft ein großes Fragezeichen auf diese Aussage. Es stellt sich heraus, daß ein ähnliches Muster – ein schneller Anstieg der Infektionen, der in der sechsten Woche einen Höhepunkt erreicht und ab der achten Woche wieder abnimmt – allen Ländern, in denen die Krankheit entdeckt wurde, gemeinsam ist, unabhängig von ihrer Reaktionspolitik: Einige verhängten eine strenge und sofortige Abriegelung, die nicht nur 'soziale Distanzierung' und ein Verbot von Menschenansammlungen beinhaltete, sondern auch den Ausschluss der Wirtschaft (wie in Israel); einige 'ignorierten' die Infektion und setzten ein fast normales Leben fort (wie Taiwan, Korea oder Schweden), und einige verfolgten zunächst eine nachsichtige Politik, kehrten aber bald zu einer vollständigen Abriegelung zurück (wie Italien oder der US-Bundesstaat New York). Nichtsdestotrotz zeigen die Daten bei all diesen Ländern ähnliche Zeitkonstanten in Bezug auf das anfängliche schnelle Wachstum und den Rückgang der Krankheit«.

[...]

11. »Modellierung sozialer Distanzierungsstrategien zur Verhinderung der Ausbreitung von SARS-CoV2 in Israel – Eine Kosten-Effektivitäts-Analyse« von Amir Shlomai, Ari Leshno, Ella H. Sklan, Moshe Leshno. MedRxiv Pre-Print. 20. September 2020. »Es wird erwartet, dass ein landesweiter Lockdown im Durchschnitt 274 (Median 124, Interquartilsbereich (IQR): 71-221) Leben im Vergleich zum Ansatz 'Testen, Aufspüren und Isolieren' rettet. Allerdings wird die ICER im Durchschnitt $45.104.156 (Median $ 49,6 Millionen, IQR: 22,7-220,1) betragen, um einen Todesfall zu verhindern. Schlussfolgerungen: Ein

nationaler Lockdown hat einen moderaten Vorteil bei der Rettung von Leben, verbunden mit enormen Kosten und möglichen überwältigend negativen wirtschaftlichen Effekten. Diese Ergebnisse sollten den Entscheidungsträgern im Umgang mit weiteren Wellen dieser Pandemie helfen«.

12. »Zu wenig von einer guten Sache – Ein Paradoxon der moderaten Infektionskontrolle«, von Ted Cohen und Marc Lipsitch. Epidemiologie. 2008 Jul; 19(4): 588-589. »Die Verbindung zwischen der Begrenzung der Erregerbelastung und der Verbesserung der öffentlichen Gesundheit ist nicht immer so einfach. Die Verringerung des Risikos, dass jedes Mitglied einer Gemeinschaft einem Krankheitserreger ausgesetzt ist, hat den begleitenden Effekt, dass das durchschnittliche Alter, in dem Infektionen auftreten, steigt. Bei Krankheitserregern, die in höherem Alter eine höhere Morbidität verursachen, können Maßnahmen, die die Exposition reduzieren, aber nicht eliminieren, paradoxerweise die Zahl der Fälle schwerer Krankheiten erhöhen, indem sie die Infektionslast auf ältere Personen verlagern«.

[...]

18. »Zusammenhang zwischen dem Zusammenleben mit Kindern und den Ergebnissen von COVID-19: eine OpenSAFELY-Kohortenstudie mit 12 Millionen Erwachsenen in England« von Harriet Forbes, Caroline E. Morton, Seb Bacon et al. bei MedRxiv, 2. November 2020. »Unter 9.157.814 Erwachsenen ≤65 Jahren war das Zusammenleben mit Kindern im Alter von 0-11 Jahren nicht mit einem erhöhten Risiko für eine aufgezeichnete SARS-CoV-2-Infektion oder eine COVID-19-bedingte Krankenhaus- oder ICU-Aufnahme assoziiert, aber mit einem reduzierten Risiko für einen COVID-19-Tod (HR 0,75, 95%CI 0,62-0,92). Das Zusammenleben mit Kindern im Alter von 12 bis 18 Jahren war mit einem geringfügig erhöhten Risiko für eine aufgezeichnete SARS-CoV-2-Infektion assoziiert (HR 1,08, 95%CI 1,03-1,13), jedoch nicht mit anderen COVID-19-Endpunkten. Das Zusammenleben mit Kindern jeden Alters war auch mit einem geringeren Risiko verbunden, an Nicht-COVID-19-Ursachen zu sterben. Unter den 2.567.671 Erwachsenen >65 Jahre gab es keinen Zusammenhang zwischen dem Zusammenleben mit Kindern und den Ergebnissen im Zusammenhang mit SARS-CoV-2. Wir beobachteten keine konsistenten Veränderungen des Risikos nach der Schließung von Schulen.»

[...]

24. »Staatlich verordnete Lockdowns reduzieren nicht die Todesfälle durch Covid-19: Implikationen für die Evaluierung der strengen neuseeländischen Maßnahmen« von John Gibson. New Zealand Economic Papers, 25. August 2020. »Die neuseeländische politische Reaktion auf das Coronavirus war während des Level 4 Lockdowns die stringenteste der Welt. Nach Berechnungen des Finanzministeriums gingen bis zu 10 Milliarden Dollar an Produktion (≈3,3 % des BIP) verloren, als man auf Stufe 4 wechselte, anstatt auf Stufe 2 zu bleiben. Damit der Lockdown optimal ist, muss ein großer Nutzen für die Gesundheit entstehen, um diesen Produktionsverlust auszugleichen. Prognostizierte Todesfälle aus epidemiologischen Modellen sind aufgrund der schlechten Identifizierung keine validen kontrafaktischen Daten. Stattdessen verwende ich empirische Daten, die auf der Variation zwischen den Bezirken der Vereinigten Staaten basieren, von denen mehr als ein Fünftel nur soziale Distanzierung statt Lockdowns hatten. Politische Treiber von Lockdowns bieten Identifikation. Lockdowns reduzieren nicht die Covid-19-Todesfälle. Dieses Muster ist an jedem Tag sichtbar, an dem in Neuseeland wichtige Lockdown-Entscheidungen getroffen wurden. Die offensichtliche Ineffektivität von Lockdowns deutet darauf hin, dass Neuseeland große wirtschaftliche Kosten für wenig Nutzen in Form geretteter Leben erlitt.«"

Freilich: Wer sich nicht nur aus den deutschen "Leitmedien" informiert, sondern hin und wieder auch einen Blick über den verdrosteten und -lauterbachten Tellerrand ins Ausland wagt, wußte schon früher, daß die sogenannten "Fallzahlen" nicht nur etwas mit Covid-19 zu tun haben, sondern anderen Merkwürdigkeiten, z.B. dem "Verschwinden" der Grippe ...

So meldete z.B. die Webseite "Technocracy News", die von Patrick M. Wood betrieben wird, der zusammen mit Anthony Sutton das Buch "Trilaterals over America" verfaßt hatte, am 3. November 2020: "CDC wird COVID-19 kartographieren, aber die Nachverfolgung der Grippe aussetzen. Auf der Webseite der CDC wurde ein Absatz mit dem Titel »U.S. Influenza Surveillance System: Purpose and Methods« hinzugefügt, in dem es heißt, daß die Behörde aufgrund von COVID-19 die Datenerhebung für die reguläre Grippe während der Grippesaison 2020-2021 aussetzen wird. Daher wird es unmöglich sein, die relativen Unterschiede zwischen COVID und der Grippe statistisch zu analysieren. Es wird wahrscheinlich auch dazu führen, daß einige Fälle von Influenza als COVID gemeldet werden auch dann, wenn es gar nicht stimmt.

Daher wird alle Aufmerksamkeit auf COVID gerichtet werden, wodurch die Fallzahlen so aufgeblasen werden, dass sie in den Pandemiebericht passen".[50]

"Im Spätsommer 2020 tauchten Warnungen auf, dass es bald zu einer »Zwillings-Demie« von Grippe und COVID-19 kommen könnte, die den Globus dezimieren würde", schrieb Dr. Mercola in einem Artikel vom 22. Dezember 2020. "Bislang hat sich das nicht bewahrheitet. In den USA meldete die CDC, dass der Prozentsatz der Atemwegsproben, die zum Grippetest eingereicht werden und positiv getestet werden, seit Beginn der Pandemie von mehr als 20 % auf 2,3 % gesunken ist. Mit Stand vom 18. September 2020 stellten sie fest, dass positive Influenza-Tests »auf einem historisch niedrigen intersaisonalen Niveau geblieben sind (0,2 % gegenüber 1 bis 2 %).« Darüber hinaus stellte die CDC vom 29. September 2019 bis zum 29. Februar 2020 und vom 1. März bis zum 16. Mai 2020 einen Rückgang der Influenza-Aktivität um 98 % fest. [...] Ursprünglich wurde angenommen, dass der steile Rückgang der Grippeaktivität auf eine geringere Anzahl von Tests zurückzuführen ist, da Menschen mit Atemwegssymptomen stattdessen wahrscheinlich COVID-19-Tests erhielten. Nach Angaben der CDC haben die Gesundheitsbehörden jedoch konzertierte Anstrengungen unternommen, um auf Grippe zu testen, und obwohl eine »angemessene Anzahl« getestet wurde, wurden wenig bis gar keine Grippeviren nachgewiesen. [...] Die CDC nutzt die mysteriös niedrige Zahl der Grippefälle in dieser Saison bereits als Anstoß, um vorzuschlagen, dass Masken, Schulschließungen und soziale Distanzierung jeden Herbst zur neuen Normalität werden könnten, um die kommende Grippesaison zu bekämpfen (...)".[51]

Das ist ja merkwürdig. Denn so ähnlich lief es auch bei der Schweinegrippen-„Pandemie“:

„So fand CBS News heraus, daß die CDC den Bundesstaaten im Juli 2009 dazu riet, nicht mehr auf H1N1 zu testen. Zudem hörte man ab diesem Zeitpunkt auf, die positiv auf H1N1 getesteten Patienten zu zählen. Der Grund für diese

---

50 "CDC wird COVID-19 kartographieren, aber die Nachverfolgung der Grippe aussetzen", https://axelkra.us/cdc-wird-covid-19-kartographieren-aber-die-nachverfolgung-der-grippe-aussetzen/; "CDC Will Map COVID-19 But Suspends Tracking Of Influenza", https://www.technocracy.news/cdc-will-map-covid-19-but-suspends-tracking-of-influenza/

51 "Warum ist die Grippe verschwunden?", https://axelkra.us/warum-ist-die-grippe-verschwunden/

Anweisung der CDC war, so CBS News, daß man auf Behördenebene meinte, es sei Ressourcenverschwendung, weiterhin auf H1N1 zu testen und die Fälle zu zählen – und zwar deswegen, weil angeblich bereits erwiesen sei, daß es sich bei der Schweinegrippe um eine Epidemie handeln würde. Doch dies war eine glatte Lüge, denn tatsächlich wollte die vorhergesagte große Epidemie (Pandemie) auch noch viele Monate danach nicht ausbrechen".[52]

Auch in Deutschland kamen ähnliche Fragen auf. So stellte Gunter Frank auf dem Blog "Die Achse des Guten" in einem Beitrag "die Frage: Gibt es eine plausible Erklärung dafür***, daß nur im Jahr 2020 die Grippe ab KW 17 weltweit verschwunden ist?*** Die großen Medien stellen diese Frage meinem Überblick nach gar nicht erst".[53]

Doch solche Informationen scheinen die Bundesregierung nicht zu beeindrucken. Mehr noch, sie scheinen an den "Spitzen"-Politikern des Landes völlig vorüberzugehen. Regelmäßig werden Forderungen nach einem verlängerten Lockdown und noch härteren Maßnahmen laut. "Wir müssen davon ausgehen, daß wir den Lockdown verlängern müssen", behauptet Winfried Kretschmann, Ministerpräsident Badem-Württembergs, und will sich für "weitere und schärfere Maßnahmen einsetzen".[54] Ähnliches war von Manuela Schwesig zu vernehmen, Ministerpräsidentin des Landes Mecklenburg-Vorpommern. "Schwesig fordert mehr Impfstoff von der Regierung - und warnt vor härterem Lockdown.[55] Julia Klöckner, Bundesministerin für Ernährung und Landwirtschaft, klausschwäbelte: "Nach Corona geht es irgendwie weiter wie vorher? Nein"[56], während Markus

---

[52] Torsten Engelbrecht, Dr. med. Klaus Köhnlein, Dr. med. Samantha Bailey, Dr. Stefano Scoglio, „Virus-Wahn. Corona/Covid-19, Masern, Schweinegrippe, Vogelgrippe, SARS, BSE, Hepatitis C, AIDS, Polio, Spanische Grippe. Wie die Medizinindustrie ständig Seuchen erfindet und auf Kosten der Allgemeinheit Milliardenprofite macht", BoD (Books on Demand), 10. Auflage 2021, S. 291

[53] "Wo ist die Grippe geblieben?", https://www.achgut.com/artikel/wo_ist_die_grippe_geblieben, Hervorhebung durch mich.

[54] https://www.welt.de/politik/deutschland/article224339626/Corona-Lockdown-Kretschmann-geht-von-Verlaengerung-aus.html

[55] https://www.welt.de/politik/deutschland/article224333214/Corona-Schwesig-fordert-mehr-Impfstoff-und-warnt-vor-haerterem-Lockdown.html

[56] https://www.welt.de/politik/deutschland/plus224294422/Julia-Kloeckner-Nach-Corona-geht-es-weiter-wie-vorher-Nein.html

Söder, selbsternannter Covid-Diktator Bayerns, dem es mit dem großen Reset offenbar gar nicht schnell genug gehen kann, sonnenköniglich verkündete, "wir" müßten uns von der Vorstellung lösen, daß es auf absehbare Zeit eine Rückkehr zur Normalität gäbe. Damit steht er natürlich nicht alleine, schließlich war dasselbe schon von der WHO zu vernehmen: "WHO sieht keine Rückkehr zur Normalität in absehbarer Zukunft".[57]

Die Horromeldungen nehmen derzeit, da ich diese Zeilen schreibe, einfach kein Ende. Leser mögen es mir nachsehen, wenn ich mich dazu einfach mal selbst zitiere. In einem Artikel auf meiner Webseite schrieb ich dazu: "Es wird so viele »Wellen« geben, wie nötig sind, um die »Technokratische Agenda« umzusetzen".[58] Ich weise nicht aus Gründen der Selbstbweihräucherung darauf hin. Im Gegenteil: Ich hasse es, in diesem Punkt höchstwahrscheinlich Recht zu behalten.

Denn munter geht es weiter: "10-mal so hohe Corona-Inzidenz zu Ostern? Virologe: »Merkel könnte wieder recht haben«, titelte der "Focus" am 14. Januar 2021.[59] Wie bitte? Bis Ostern? Soll das etwa allen Ernstes bedeuten, daß Deutschland Lockdowns ***bis Ostern*** drohen? Anders gefragt: ***Soll*** dieses Land ***wirtschaftlich komplett ruiniert werden***? Geht es nach den Plänen des Weltwirtschaftsforums und damit verbundener Organisationen, lautet die Antwort wohl leider: ja. Wobei es kein kompletter wirtschaftlicher Ruin sein muß, keineswegs. Es geht ja "nur" darum, die "seltene" Gelegenheit und das "enge Zeitfenster", das diese angebliche Pandemie bietet, zu nutzen, im die Welt - und damit natürlich auch Deutschland - "neu zu denken und zu gestalten". Auf den Rücken zahlloser Menschen und ihrer beruflichen Existenz. Wie charmant. Aber ist das überhaupt ein Problem? Ich meine, Geld kann man doch einfach drucken ... die Zentralbanken, hinter denen, doch das nur am Rande, rein zufällig dieselben Eliten stehen, die auch den "Great Reset" propagieren, können die Wirtschaft ja mit "Stimuluspaketen" wieder "ankurbeln" - sprich, mit neuen Krediten, sprich: mit neuem ***Schuldgeld***. Nun bedeuten Schulden - dazu braucht man kein

---

[57] https://www.aerzteblatt.de/nachrichten/114669/WHO-sieht-keine-Rueckkehr-zur-Normalitaet-in-absehbarer-Zukunft

[58] https://axelkra.us/es-wird-so-viele-wellen-geben-wie-noetig-um-die-technokratische-agenda-umzusetzen/

[59] https://www.focus.de/gesundheit/coronavirus/die-corona-erklaerer-10-mal-so-hohe-corona-inzidenz-zu-ostern-virologe-merkel-koennte-wieder-recht-haben_id_12866183.html

"Wirtschaftsweiser" zu sein, derer so einige übrigens aus demselben "Stall" stammen, also dem von selbigen Eliten, oder wie ich gerne sage: NWOliten aufgebauten institutionellen Netzwerk, von dem ich bereits sprach, dazu muß man auch kein wirtschaftswissenschaftliches Studium absolviert haben, das weiß jedes Kind - natürlich immer auch ***Abhängigkeiten***. Habe ich bei jemandem einen Kredit geliehen, nehme ich bei ihm Schulden auf, begebe ich mich damit auch in eine ***Abhängigkeit***. Diese Abhängigkeit könnte selbstverständlich auch als ***Machtposition mißbraucht*** werden, anders ausgedrückt: ***Zur politischen Erpressung***.

Ohne Leser durch diesen wiederholten Hinweis nerven zu wollen: Man könnte mit dieser Thematik ein eigenes Buch füllen, deshalb kann ich das hier nur extrem fragmentarisch darstellen. Ich begnüge mich mit Blick auf diese Zusammenhänge im Rahmen dieses Buches mit zwei Zitaten. Das erste stammt vom amerikanischen Historiker und Zivilisationstheoretiker Carroll Quigley, der die Funktionsweise von Zentralbanken und die machtpolitischen Absichten dahinter ganz vortrefflich beschrieb. Das zweite vom bereits öfter erwähnten Antony Cyril Sutton.

"Zusätzlich zu diesen pragmatischen Zielen hatten die Kräfte des Finanzkapitalismus noch ein weiteres, weitreichenderes Ziel, nämlich nichts weniger, als ein ***weltweites System der finanziellen Kontrolle*** in privaten Händen zu erschaffen, ***dazu fähig, das politische System jedes Landes und die Weltwirtschaft als Ganzes zu dominieren***. Dieses System sollte in ***feudalistischer Manier*** von den ***im Konzert agierenden Zentralbanken der Welt*** gesteuert werden, durch geheime Abkommen, die bei regelmäßigen und privaten Treffen und Konferenzen getroffen werden". Aufgabe dieser Zentralbanken sei es, "das ***Ausmaß der wirtschaftlichen Aktivität im jeweiligen Land zu beeinflussen*** [...] In jedem Land ***basierte die Macht der Zentralbank weitestgehend auf ihrer Kontrolle der Kredit- und Geldströme. Im weltweiten Maßstab beruhte die Macht der Zentralbanker auf ihrer Kontrolle der Kredite sowie der Goldflüsse.***"[60]

---

[60] Carroll Quigley, "Tragedy and Hope", The Macmillan Company, New York 1966, S. 324. Übersetzung aus dem Englischen und Hervorhebungen durch mich. Das Buch ist auch auf Deutsch erschienen: "Tragödie und Hoffnung", https://www.kopp-verlag.de/a/tragoedie-und-hoffnung.

Anmerkung: Durch "im Konzert agierende Zentralbanken der Welt"? Wie sollte das möglich sein? Wie könnten sich die Zentralbanken der Welt denn aufeinander abstimmen? Na zum Beispiel durch eine Organisation wie die "Group of Thirty", G30. In der sitzen nämlich rein zufällig die Chefs der Zentralbanken der wichtigsten Industrie- und auch Schwellenländer. Wann haben Sie das letzte Mal einen Artikel in der Mainstreampresse über diese Gruppe gelesen und vor allem darüber, was dort eigentlich diskutiert wird? Sollten da nicht bei jedem investigativen Journalisten sofort die "Bluthund-Instinkte" anspringen? Die wichtigsten Zentralbankchefs der Welt sitzen in derselben Organisation zusammen und machen - ja was genau? Das wäre doch mal eine umfassende Recherche wert! Wieso erfährt die Bevölkerung nichts darüber? Antwort: ***Weil sie es nicht erfahren soll.***[61]

Und bei Sutton heißt es:

"Nationalbanken besitzen das Vorrecht, ***ihre Währungsmenge nach Belieben zu erhöhen oder einzuziehen*** und können selbstverständlich Darlehen gewähren oder zurückhalten, wie sie es für richtig halten. Da die Banken über eine nationale Organisation verfügen und leicht zusammenarbeiten können, wenn es um die Zurückhaltung oder Ausweitung von Darlehen geht, folgt daraus, daß sie durch vereintes Handeln bei der Ablehnung von Darlehen ***eine Knappheit im Geldmarkt erzeugen und in einer einzigen Woche oder sogar an einem einzigen Tag eine Verminderung des gesamten Warenangebots des Landes erzeugen können"***.[62]

Im Gegensatz zu dem ***unerträglichen Quatsch***, der in der "Qualitäts"-Presse ständig verlautbart wird - es handele sich um "Währungshüter", "Stabilitätsanker", die Wirtschaften durch "frisches Geld" stets "stimulieren", ist das genaue Gegenteil der Fall: Diese Zentralbanken (Federal Reserve, Bank of England, EZB etc.) sind eben nicht die Lösung, sondern die ***Verursacher des Problems***. Sie sind nicht Währungshüter, sonder -manipulateure. Sie waren es, die durch unentwegtes "Gelddrucken" die wohl größte Finanzblase der Geschichte aufgebläht haben. Deren absehbare Folgen nun, aber auch das ist sicher nur reiner

[61] Ich verweise dazu auf mein Buch "Revision", in dem ich auf die "G30" etwas ausführlicher eingegangen bin.

[62] Antony C. Sutton, "Die Federal Reserve-Verschwörung", aus dem Englischen übersetzt und herausgegeben von Axel B.C. Krauss. Hervorhebungen durch mich.

Zufall, in allen Massenmedien als "Corona-Folgen" deklariert werden, z.B. als "Corona-Rezession".[63] Obwohl es die ***politischen Maßnahmen*** waren, also Lockdowns etc., die diese Folgen noch verschlimmerten - im Fahrwasser des geldpolitischen Chaos, daß in den Jahren und Jahrzehnten zuvor langsam, aber stetig zusammengebraut wurde. Sollten Sie jetzt den Eindruck haben, daß hinter der Nebelwand eines "Pandemie-Theaters" womöglich die auf diesem geldpolitischen Wege ausgelösten Wirtschafts- und Finanzkrisen verschleiert werden sollen, weil das "niedere Volk" ansonsten ja unangenehm kritische Fragen nach den wahren Ursachen der wirtschaftlichen und finanzsystemischen Probleme stellen könnte, und daß damit vielleicht auch kaschiert werden soll, daß diese Krise als "Steilvorlage" für den "Großen Umbruch" unter dem "Corona-Deckmantel" herhalten solle, nun, dann wären Sie ein Verschwörungsnazi, der sich bevorzugt in rechtsextremen Chatgruppen auf von der Regierung bislang viel zu wenig überwachten Messenger-Diensten wie z.B. Telegram herumtreibt. Nur ein Scherz. Im Gegenteil:

Dann lägen Sie goldrichtig.

Aus Sicht der herrschenden Eliten paßt es ja auch geradezu perfekt ins "Programm": Baue über längere Zeit ein Chaos auf, dessen Folgen sich nicht abrupt bemerkbar machen, sondern langsam (setze die "Frösche" in wohltemperiertes Wasser, schockiere sie nicht, sonst könnten sie "herausspringen", also anfangen, Fragen zu stellen), raube ihnen dann mit einer "schrecklichen weltweiten Pandemie" den Verstand, sodaß sie nicht mehr wissen, wo ihnen der Kopf steht (oder nutze eine natürlich entstandene, sofern es sich bei SARS-CoV-2 um eine handelt, alternativ dazu: erzeuge eine Heidenangst vor

---

[63] "OECD: Corona löst schlimmste Rezession seit 100 Jahren aus", https://www.dw.com/de/oecd-corona-l%C3%B6st-schlimmste-rezession-seit-100-jahren-aus/a-53758677; "Corona-Rezession: Da geht noch was!", https://www.zeit.de/wirtschaft/2020-10/corona-rezession-lockdown-wachstumsprognose-bip-rettungspaket-bundesregierung; "Auf dem Weg aus der Corona-Rezession", https://www.stuttgart.ihk24.de/serviceleiste/konjunktur/regionen/gesamtwirtschaft-4672532; "Wirtschaft driftet in der Corona-Rezession auseinander", https://www.gtai.de/gtai-de/trade/wirtschaftsumfeld/wirtschaftsausblick/irland/wirtschaft-driftet-in-der-corona-rezession-auseinander-251436; "Die Corona-Rezession", https://www.addendum.org/coronavirus/die-corona-rezession/, usw. usf.

einer Pandemie, die vielleicht gar nicht wirklich existiert, sondern mittels falsch verwendeter Testmethoden "herbei getestet" wird), zermürbe sie mit täglichen Horrormeldungen, einem regelrechten Bombardement an "Infektionszahlen" und "Inzidenzwerten", behaupte dann, die sich abzeichnenden wirtschaftlichen Folgen des von dir zusammengebrauten Tohuwabohus wären allein dieser Krankheit zuzuschreiben und drücke dann auf den "Resetknopf": Nun sind die Frösche "gar" und bereit, alles zu akzeptieren, was du ihnen an Lösungen vorschlägst, Lösungen, die genau in deinem Interesse liegen ... das mag manchen immer noch „spekulativ" erscheinen, aber ich bin davon überzeugt, daß genau solche Absichten die eigentlichen Triebkräfte hinter Corona, der "Krone" der Technokratie sind. Vor allem, weil es dem "dialektischen Vorgehen" entspräche, auch bekannt als "These - Antithese - Synthese" oder "Problem - Reaktion - Lösung", ein Schema, dem diese Eliten in der Geschichte immer wieder gefolgt sind. Zur Verdeutlichung ein Exzerpt aus einem anderen Buch Antony Suttons, der diese "Krisendialektik" sehr pointiert beschrieb. Sutton bezog sich dabei auf eine ganz bestimmte Geheimgesellschaft, die als "Skull & Bones" bekannt ist, allerdings ist die Anwendung dieser "Krisendialektik" nicht nur auf diesen Orden beschränkt:

"Die operative Geschichte der Ordens kann nur verstanden werden im Rahmen eines ***Hegel'schen dialektischen Prozesses.*** Einfach ausgedrückt geht es dabei um die Vorstellung, ***daß Konflikt Geschichte erzeugt.*** Aus diesem Axiom folgt, ***daß kontrollierter Konflikt eine vorbestimmte Geschichte erzeugen kann.*** Beispiel: Wenn die Trilaterale Kommission »gelenkten Konflikt« diskutiert, wie sie es in ihrer Literatur extensiv tut, impliziert die Kommission damit die gesteuerte Anwendung von Konflikten zur Erreichung langfristiger Ziele - keine bloß zufällige Übung manipulativer Kontrolle, um ein Problem zu lösen. Die Dialektik führt diesen »gelenkten Konflikt« der Trilateralen einen Schritt weiter. ***In Hegel'schen Begriffen schafft eine existierende Kraft (These) eine Gegenkraft (Antithese). Konflikt zwischen beiden Kräften resultiert in der Bildung einer Synthese.*** Dann startet dieser Prozeß von Neuem: These vs. Antithese führt zu einer Synthese.

Die Synthese, die vom Establishment angestrebt wird, nennt sich Neue Weltordnung. ***Ohne kontrollierten Konflikt läßt sie sich nicht errichten.*** Zufällige individuelle Handlungen von Personen in der Gesellschaft würden diese Synthese nicht herbeiführen, die künstlich ist - deshalb muß sie erzeugt werden. Und das geht nur durch den kalkulierten, gelenkten Gebrauch von Konflikten.

[...] *Das erklärt, warum die internationalen Bankiers die Nazis unterstützten, die Sowjetunion, Nordkorea, Nordvietnam, bis zum Erbrechen - gegen die Vereinigten Staaten. Der »Konflikt« erzeugt Profite, während man die Welt immer näher an eine Weltregierung heranführt.* ***Der Prozeß dauert bis heute an".***[64]

Ich bin der Überzeugung, daß die "Corona-Krise" genau dieser "Krisendialektik" folgt: Erzeuge oder nutze eine bestehende Krise, um eine Lösung durchdrücken zu können, die in deinem Macht- und Herrschaftsinteresse liegt.

In Deutschland schrieb Prof. Dr. Thomas Aigner einen "Offenen Brief" an Präsidenten der Akademie für Wissenschaften und Literatur in Mainz, Prof. Dr. Reiner Anderl - er stellte darin dieselben Fragen, die auch Andere ihren Regierungen oder Vertretern der offiziellen Linie in Sachen Corona bereits gestellt haben, und das weltweit. In diesem Brief schreibt Aigner:

"Mit größtem Erstaunen, mit tiefster Sorge, ja Fassungslosigkeit habe ich die »7. ad hoc-Stellungnahme« der Nationalen Akademie der Wissenschaften Leopoldina vom 8.12.2020 zur Kenntnis genommen. Nach meiner Auffassung ist dieses Papier einer ehrlichen, kritisch-abwägenden, am Dienst und am Wohle des Menschen orientierten Wissenschaft nicht würdig. Ich verfüge nicht über medizinische Fachkompetenz. Als ein Wissenschaftler, der zu nichts als der reinen Wahrheit verpflichtet ist, erlaube ich mir jedoch, mich zu Wort zu melden. Ich fühle mich durch mehrere Punkte sehr stark alarmiert:

1. Am 27.11.2020 hat eine Gruppe von 22 international ausgewiesenen Experten folgendes Gutachten über den PCR-Test, den Dreh- und Angelpunkt der »Pandemie«, für die Zeitschrift Eurosurveillance vorgelegt: »External peer review of the RTPCR test to detect SARS-CoV-2 reveals 10 major scientific flaws at the molecular and methodological level: consequences for false positive results«. Zitat: »This highly questions the scientific validity of the test« ["Dies stellt die wissenschaftliche Validität des Tests stark in Frage"]. Außerdem die schwerwiegende Bemerkung: „serious conflicts of interest of the authors are not

---

[64] Antony C. Sutton, "Amerikas geheimes Establishment - Eine Einführung in den Skull & Bones-Orden", aus dem Englischen und herausgegeben von Axel B.C. Krauss, erhältlich über BoD (Books on Demand), Band 2, https://www.bod.de/buchshop/amerikas-geheimes-establishment-antony-c-sutton-9783749434961. Ich hatte mich dazu entschieden, das Buch auf drei kleinere Bände aufzuteilen.

mentioned« ["schwerwiegende Interessenkonflikte der Autoren werden nicht erwähnt"].
(https://cormandrostenreview.com/report/?fbclid=IwAR2CQxPzDZJmH52mwsQj9aer6AZt5c6Fo_YWjHQdBtB6PxVa1jGzdSo7ApI).

2. Der PCR-Test stellt die Basis der Rechtfertigung zur Ausrufung einer »Pandemie« dar, und RKI, Politik und Medien vermelden täglich die positiven Testergebnisse als sog. »Neuinfektionen«. Laut den 22 unabhängigen Gutachtern enthält der Test »several scientific inadequacies, errors and flaws« ["mehrere wissenschaftliche Unzulänglichkeiten, Fehler und Mängel"]. Klipp und klar wird festgestellt: »the test (is) unsuitable as a specific diagnostic tool to identify the SARS-CoV-2 virus and make inferences about the presence of an infection« ["der Test (ist) als spezifisches Diagnoseinstrument ungeeignet, um das SARS-CoV-2-Virus zu identifizieren und Rückschlüsse auf das Vorliegen einer Infektion zu ziehen"].

Ist es nicht offensichtlich, daß hier ein äußerst ernsthaftes Problem vorliegt, welches eigentlich die gesamte »Pandemie« erschüttern müsste? Für mich ist es nicht nachvollziehbar, warum weder die Leopoldina, noch andere Akademien dieses fundierte Gutachten einbeziehen, und eine weitere, gründliche und wissenschaftlich saubere Klärung verlangen bzw. initiieren.

3. Basierend auf dieser, durch einen zumindest sehr fragwürdigen Test begründeten »Pandemie«, soll nun mit einer weltweiten Impf-Kampagne in einem nie da gewesenen Ausmaß begonnen werden; und das mit noch nie erprobten Impfstoffen, die in einer nie da gewesenen Geschwindigkeit entwickelt wurden.

[...]

7. Wo bleibt ein früher üblicher breiter Diskurs mit einer ausgewogenen Würdigung der teilweise sehr konträren Wortmeldungen von Wissenschaftlern und Ärzten verschiedener Fachrichtungen, Juristen, Psychologen, Soziologen, Ökonomen und Philosophen? [...] Warum keine Reaktion der Akademien, wenn das im Grundgesetz verbürgte Recht auf Freiheit der Wissenschaft und Freiheit der Meinungsäußerung, sowie weitere Grundrechte mit Füssen getreten werden? Hat Deutschland nichts aus der Geschichte gelernt? Nachdem sich die Regierungen bei der Verhängung eines erneuten „harten Lockdowns“ auf dieses, aus meiner Sicht verhängnisvolle Papier der Nationalen Akademie der Wissenschaften beziehen, sowie aufgrund der oben aufgeführten Punkte, habe

ich mich nach reiflicher Überlegung zu dem sicherlich ungewöhnlichen Schritt entschlossen, als Ausdruck meines persönlichen Protestes aus der Akademie der Wissenschaften zu Mainz auszutreten.

Ich kann es mit meinem Gewissen nicht vereinbaren, ein Teil dieser Art von Wissenschaft zu sein. Ich möchte einer Wissenschaft dienen, die einer Fakten-basierten Aufrichtigkeit, einer ausgewogenen Transparenz, und einer umfassenden Menschlichkeit verpflichtet ist".[65]

Um zu den "Fallzahlen" zurückzukommen: Wohin ist sie denn nun verschwunden, die Grippe?

"Anfang Dezember schlug der südkalifornische Nachrichtensender KUSI Alarm, was eine Überprüfung der COVID-Statistiken in ihrer Region zur Folge hatte ... »**SAN DIEGO (KUSI) – Die Zahl der COVID-19-Fälle steigt in ganz Kalifornien und hier in San Diego County weiter an, aber die Grippefälle bleiben im Vergleich zu dieser Zeit in den Vorjahren extrem niedrig**«. Wir sind mitten in der Grippe-Saison, aber die Daten von San Diego County für Grippe-Infektionen zeigt nur 36 gemeldete Fälle so weit in diesem Jahr. Carl DeMaio twitterte diese schockierende Enthüllung und verglich sie mit dieser Zeit in anderen Jahren, indem er sagte: »In einem typischen Jahr bekommen wir im Durchschnitt über 17.073!«. DeMaio erklärte, »wenn wir eine Reihe von Zahlen wie z.B. COVID-Statistiken verwenden, um die Wirtschaft herunterzufahren, um Menschen die Lebensgrundlage wegzunehmen, dann müssen wir wirklich genau hinschauen, was diese Zahlen wirklich bedeuten, und ob diese Zahlen uns das richtige Bild geben.« Und weiter: »Meine Sorge war von Anfang an, daß wir uns auf Zahlen von Regierungsbehörden verlassen, die möglicherweise eine andere Agenda verfolgen. Wir würden davon profitieren, wenn wir sie mit anderen Augen betrachten würden, wie zum Beispiel durch einen Wirtschaftsprüfer oder ein Bürgerprüfungskomitee. Denn wie gesagt, die Entscheidungen, die auf Basis dieser Daten getroffen werden, sind weitreichend, die Sperrungen sind weitreichend in Bezug auf ihre Auswirkungen«. **Während verschiedene Interessengruppen und Journalisten beginnen, Antworten von den Gesundheitsbehörden zu verlangen, wird nun klar, daß es wahrscheinlich**

[65] Brief von Prof. Dr. Thomas Aigner an den Präsidenten der Akademie für Wissenschaft und Literatur in Mainz, https://axelkra.us/brief-von-prof-dr-thomas-aigner-an-den-praesidenten-der-akademie-fuer-wissenschaft-und-literatur-in-mainz/

einen weit verbreiteten, systematischen administrativen Betrug gegeben hat, der dazu diente, die COVID-19-Zahlen zum Nachteil jeder anderen normalen saisonalen Krankheit aufzublähen."[66]

Bevor ich im nächsten Kapitel die Frage nach dem möglichen Ursprung des SARS-Cov-2-Virus beleuchten werde, möchte ich abschließend noch Dr. John Hunt zitieren, der zu dieser Thematik am 9. Januar 2021 einen Artikel auf der Webseite des amerikanischen Finanzanalysten Doug Casey ("Doug Casey's International Man") veröffentlichte. Titel: "COVID Tests Gone Wild—An Epidemic of COVID Positive Tests" ("COVID-Tests drehen frei – eine Epidemie COVID-positiver Tests"[67]). Dr. Hunt ist ein international anerkannter Experte für die Sammlung und Analyse von Aerosolen bzw. Atemwegströpfchen, pädiatrischer Pulmologe, Allergologe, Immunologe, ehemaliger außerordentlicher Professor und akademischer medizinischer Forscher, der über umfangreiche Erfahrungen und Veröffentlichungen in den Bereichen PCR, Antigentests und Analyse von Atemwegsflüssigkeiten verfügt.

"RT-PCR-Tests können so konzipiert werden, daß sie hochsensitiv für das Vorhandensein der ursprünglichen viralen RNA in einer klinischen Probe sind. Aber ein hochempfindlicher Test riskiert eine schlechte Spezifizität für die tatsächliche Infektionskrankheit. Antigen-Schnelltests sind anders. Sie messen virales Protein. Sie tun dies, indem sie eine klinische Probe mit einem oder zwei im Labor hergestellten Antikörpern reagieren lassen, die mit einem messbaren Marker markiert sind. Diese Antigentests sind oft wenig spezifisch, d. h. sie können bei Abwesenheit eines tatsächlichen viralen Proteins oder einer COVID-Erkrankung positive Ergebnisse zeitigen. Was bedeutet es für einen Labortest, empfindlich zu sein? Was bedeutet es, spezifisch zu sein? Ich werde COVID verwenden, um diese Begriffe zu erklären. **Um richtig vorzugehen, müssen wir es vermeiden, die Sprache der Medien und der Regierung zu verwenden,**

---

66 "Mysteriöses Verschwinden der Grippe in San Diego löste den Ruf nach einer Prüfung der COVID-Aufzeichnungen aus", https://axelkra.us/mysterioeses-verschwinden-der-grippe-in-san-diego-loeste-den-ruf-nach-einer-pruefung-der-covid-aufzeichnungen-aus-21st-century-wire/

67 In deutscher Übersetzung auf meiner Webseite: https://axelkra.us/covid-tests-drehen-frei-eine-epidemie-covid-positiver-tests-dr-john-hunt/, englischer Originaltext: https://internationalman.com/articles/covid-tests-gone-wild-an-epidemic-of-covid-positive-tests/; er ist natürlich auch in der deutschen Übersetzung verlinkt.

weil diese Institutionen dazu neigen, uns durch Sprachmanipulation in die Irre zu führen. Zum Beispiel haben sie uns fälschlicherweise beigebracht, daß ein COVID-positiver Test gleichbedeutend mit einer COVID-Erkrankung ist. Das ist nicht der Fall, wie Sie gleich sehen werden. Daher werde ich in diesem Artikel den Begriff »relevante infektiöse COVID-Erkrankung« verwenden, um einen Zustand zu bezeichnen, der durch COVID-19 verursacht wird und bei dem ein Patient an dem Virus erkrankt ist oder (in seinen Atemwegen) lebende, sich replizierende Viren hat, die auf andere übertragen werden können. Dies scheint eine angemessene Definition dessen zu sein, worum wir uns bei dieser Krankheit kümmern sollten. Wenn der Patient nicht krank und nicht in der Lage ist, die Krankheit zu übertragen, dann ist jede COVID-RNA oder jedes COVID-Protein, das in einem Test auftaucht, weder relevant noch infektiös und daher von geringer bis keiner Bedeutung. [...] *Sensitivität* und *Spezifizität* sind inhärente Eigenschaften eines Tests, nicht eines Patienten, nicht einer Krankheit und nicht einer Population. [...] Derselbe Test, der ziemlich gut ist, wenn er Menschen testet, die tatsächlich krank oder gefährdet sind, ist lausig, wenn er Menschen untersucht, die es nicht sind. Im ersten Szenario (mit Symptomen) wird der Test korrekt zur *Diagnose* verwendet. Im zweiten Szenario (ohne Symptome) wird der Test fälschlicherweise für das *Screening* verwendet.

[...]

Unsere Gesundheitsbehörden empfehlen mehr Tests bei asymptomatischen Menschen. Mit anderen Worten, sie ermutigen die falsche und lausige Anwendung dieser Tests. Unsere Gesundheitsbehörden tun das, was ein Medizinstudent im ersten Jahr besser wissen sollte. **Es ist ein so beunruhigender Fehler, daß er zwei wahrscheinliche Schlussfolgerungen zulässt: 1) daß unsere führenden Gesundheitsbeamten der Regierung wirklich inkompetent sind und/oder 2) daß wir als Nation absichtlich hinters Licht geführt/manipuliert werden.** Oder es könnte beides sein. [...] Zusätzlich zu dieser falschen Verwendung von *diagnostischen* Tests als *Screening*-Tests **hat die Regierung Krankenhäuser für die Betreuung von COVID-19-positiven Patienten subventioniert**. Nehmen wir an, ein Krankenhaus führt während eines Krankenhausaufenthalts viermal einen COVID-Test als Screening-Test bei einem Patienten durch, der keine Symptome von COVID hat. **Wenn dieser Test einmal positiv und dreimal negativ ausfällt, wird das Krankenhaus diesen Patienten als COVID-19-Patienten melden**, obwohl das eine positive Ergebnis mit hoher Wahrscheinlichkeit ein falsches Positiv war.

Warum führen Krankenhäuser diese Tests so häufig durch? Zum Teil, **weil sie für jeden Patienten, den sie als COVID-19-Patienten deklarieren, 14.000 Dollar mehr von der Regierung bekommen**. Wenn wir Statistiken über COVID-19-Todesfälle sehen, sollten wir berücksichtigen, daß ein erheblicher Prozentsatz davon als »Todesfälle *mit* einem COVID-19-positiven Test« bezeichnet werden sollte. Wenn wir Berichte über steigende Fallzahlen sehen, sollten wir wissen, daß sie als »Fall« jeden mit einem COVID-19-positiven Test definieren, was, wie Sie jetzt vielleicht verstehen können, wirklich Kokolores ist.

Zusammenfassung:

- Wir haben eine Epidemie von COVID-positiven Tests, die wesentlich größer ist als die Epidemie von identifizierter relevanter infektiöser COVID-Erkrankung. Im Gegensatz dazu werden Menschen mit tatsächlichen, leichten Fällen von COVID-Krankheit nicht alle getestet. **Die Daten, mit denen die Lockdowns als angeblich nötig begründet werden, sind also lausig.**
- **Die Daten über COVID-Krankenhausaufenthalte und Todesfälle in den USA sind durch ein staatliches Subventionsprogramm übertrieben, das Anreize für die unsachgemäße Anwendung von Tests bei Menschen ohne besonderes Risiko für die Krankheit schafft.**
- Vermeiden Sie es, sich auf COVID testen zu lassen, es sei denn, Sie sind selbst symptomatisch, hatten Kontakt zu jemandem, der sowohl symptomatisch war als auch positiv auf COVID getestet wurde, oder haben einen anderen persönlichen Grund, der sinnvoll ist.
- Wenn Sie sich vor einer Auslandsreise testen lassen, besteht ein geringes Risiko, ein falsch-positives Testergebnis zu erhalten, was Ihnen mit Sicherheit Ihre Reise vermasseln wird. Es ist ein neues politisches Risiko des Reisens.
- Es gibt eine Menge mehr zu diesem viralen Testspiel, und es gibt eine Menge seltsamer Anreize. Es gibt Grauzonen und Raum für Diskussionen.
- **Ja, die COVID-Krankheit kann Menschen töten. Aber ein positiver Test wird niemanden umbringen. Traurigerweise ermächtigt jeder COVID-positive Test jene Politiker und**

Bürokraten, die eine natürliche Neigung haben, Menschen zu kontrollieren – *Soziopathen und ihresgleichen.*"[68]

Laut einer am 28. September 2020 in "Clinical Infectious Diseases" veröffentlichten Studie[69] fällt die Genauigkeit eines PCR-Tests bei einem Ct-Wert, also einer Replikationszahl von 35 oder höher auf 3 %, was zu einer Falsch-Positiv-Rate von 97 % führt. In einer weiteren Studie[70], die im April 2020 in "European Journal of Clinical Microbiology & Infectious Diseases" publiziert wurde, wurde festgestellt, daß der PCR-Test mit 17 Zyklen durchgeführt werden müsse, um 100% bestätigte, wirklich positive Ergebnisse zu erhalten. Oberhalb von 17 Zyklen sinke die Genauigkeit dramatisch. Eine Gruppe von 22 internationalen Wissenschaftlern veröffentlichte am 30. November 2020 eine Übersichtsarbeit[71], in der das wissenschaftliche Papier[72] zum PCR-Test auf SARS-CoV-2 von Dr. Christian Drosten und Victor Corman infrage gestellt wurde. Erstaunlich ist, wie schnell die WHO das Corman-Drosten-Papier noch vor einer "Peer-Review", also einer Begutachtung durch andere Wissenschaftler zur Überprüfung auf eventuelle Fehler, akzeptierte und der darin beschriebene Arbeitsablauf weltweit als Standard übernommen wurde. Dr. Kevin Corbett, der zu eben erwähnter 22köpfigen Wissenschaftlergruppe gehört, erklärte dazu:

"Jede wissenschaftliche Begründung für die Entwicklung dieses Tests ist durch dieses Papier völlig zerstört worden. Es ist wie Hiroshima/Nagasaki für den COVID-Test. Als Drosten den Test entwickelte, hatte China ihm kein Virusisolat zur Verfügung gestellt. Sie entwickelten den Test aus einer Sequenz in einer Genbank. Verstehen Sie? China gab ihnen eine Gensequenz, aber kein entsprechendes Virusisolat. Sie hatten einen Code, aber keinen Körper für den Code. Keine virale Morphologie. Auf dem Fischmarkt ist es so, als würde man Ihnen ein paar Gräten geben und sagen: »Das ist Ihr Fisch«. Es könnte jeder Fisch sein … Sehen Sie, in der Corman-Drosten-Arbeit steht nichts von einem

---

[68] Dr. john Hunt, "COVID-Tests drehen frei – eine Epidemie COVID-positiver Tests" https://axelkra.us/covid-tests-drehen-frei-eine-epidemie-covid-positiver-tests-dr-john-hunt/, Hervorhebungen durch mich.

[69] https://academic.oup.com/cid/advance-article/doi/10.1093/cid/ciaa1491/5912603

[70] https://link.springer.com/article/10.1007/s10096-020-03913-9

[71] https://cormandrostenreview.com

[72] https://www.eurosurveillance.org/content/10.2807/1560-7917.ES.2020.25.3.2000045

Patienten drin. Es ist alles aus Genbanken. Und die Teile der Virussequenz, die nicht da waren, haben sie erfunden.Sie haben sie synthetisch erzeugt, um die Lücken zu füllen. Das ist es, was Genetik ist. Ein Code. Also, es ist ABBBCCDDD und Ihnen fehlt etwas, was Sie für EEE halten, also fügen Sie es ein … Das ist im Grunde ein Computervirus. Es sind 10 fatale Fehler in diesem Drosten-Testpapier … Aber hier ist die Quintessenz: **Es gab kein virales Isolat, um zu validieren, was sie taten.** Die PCR-Produkte der Amplifikation entsprachen zu diesem Zeitpunkt keinem viralen Isolat. Ich nenne es »Donut-Ring-Wissenschaft«. Es gibt nichts, was den Kern der Sache ausmacht. Es geht nur um Code, Genetik, hat nichts mit der Realität zu tun … Seitdem gibt es Papiere, die besagen, daß sie virale Isolate produziert hätten. Aber das wurde nicht kontrolliert. Die CDC produzierte im Juli ein Papier … wo sie sagten: »Hier ist das virale Isolat.« Wissen Sie, was die gemacht haben? Sie haben einen Abstrich von einer Person gemacht. Eine Person, die in China war und Erkältungssymptome hatte. Eine Person. Und sie nahmen an, daß sie [COVID-19] von Anfang an hatte. Es ist also alles voller Löcher, die ganze Sache".[73]

"Die Wissenschaftler fordern, so Dr. Mercola in einem Artikel vom 13. Januar 2021[74], "daß das Corman-Drosten-Papier wegen »fataler Fehler« zurückgezogen wird, von denen einer die Tatsache ist, daß es geschrieben (und der Test selbst entwickelt) wurde, bevor irgendein Virusisolat verfügbar war. Alles, was sie verwendeten, war die genetische Sequenz, die von chinesischen Wissenschaftlern im Januar 2020 online veröffentlicht wurde."

"Wenn die große Mehrheit der Menschen, die positiv auf eine COVID-19-Infektion getestet werden, keine Symptome haben, sich nicht krank fühlen und nicht krank aussehen, ist COVID-19 dann wirklich eine »tödliche« Krankheit? Oder ist es eher wie HPV – eine Virusinfektion, die die meisten Menschen haben, ohne es zu wissen, und die zu 90% ohne Behandlung beseitigt werden kann? Die primäre Rechtfertigung für die tyrannischen staatlichen Eingriffe bei COVID-19 war, die Ausbreitung der Infektion zu verlangsamen, damit die Ressourcen der Krankenhäuser nicht überlastet werden und Menschen aufgrund mangelnder medizinischer Versorgung sterben. [...] Aus zweiwöchigen Lockdowns wurden in einigen Gebieten Monate. Schließlich wurde uns gesagt, daß alles wieder normal

---

[73] https://axelkra.us/erstaunlicher-covid-19-testbetrug-aufgedeckt/, Hervorhebung durch mich

[74] ebda.

werden würde, sobald ein Impfstoff verfügbar wäre. Aber sobald die Impfstoffe auf den Markt kamen, änderte sich das Narrativ wieder, und man sagte uns, daß wir auch mit einem Impfstoff noch bis 2021 oder sogar 2022 Masken, soziale Distanzierung und Lockdowns brauchen würden. Was genau ist hier los? Der einzige rationale Grund, warum die staatlichen Eingriffe weitergehen, ist, daß sie unsere persönlichen Freiheiten und bürgerlichen Freiheiten aushöhlen und Reichtum an nicht gewählte Technokraten transferieren sollen, die das Narrativ der Pandemie kontrollieren. Es ist alles Angstmacherei, die auf einer Kombination von wild manipulierten Daten und fehlerhaften Tests basiert", schreibt Mercola in seiner Analyse.[75]

Apropos zu wenige Betten und Krankenhausüberlastung: Stimmt das, oder ist auch das nur wieder Panikmache und Angstschürerei? Fresenius-Chef Stephan Sturm ist anderer Meinung. "»Der einseitige Fokus der Politik auf Intensivbetten ist falsch«, sagte der Vorstandschef des Medizinkonzerns und Krankenhausbetreibers den Nachrichtenagenturen dpa und dpa-AFX. Dort, wo es zu Engpässen in Krankenhäusern gekommen sei, sei das meist wegen des Mangels an Intensivpflegekräften geschehen und nicht wegen fehlender Intensivbetten. Den viel diskutierten Personalmangel habe es schon vor der Corona-Krise gegeben, sagte Sturm", hieß es in einem Artikel des "Redaktionsnetzwerks Deutschland".[76] Reinhard Busse, Experte für Management im Gesundheitswesen an der Technischen Universität Berlin, sieht das ähnlich: "Fakt ist: Wir haben zu viele Krankenhausbetten für den tatsächlichen Bedarf. Es standen noch nie so viele Betten leer wie zurzeit. Es ist ein Ammenmärchen, daß normale Betten für Corona-Patienten frei gehalten werden müssen. Es möchte einfach gerade niemand ins Krankenhaus".[77] "Droht Kliniken samt Intensivstationen ein COVID-19-Kollaps?", fragte ein Artikel von "RT" am

[75] a.a.O.

[76] "Fresenius-Chef Sturm: Einseitiger Blick auf Intensivbetten ist falsch – stehen nicht vor Kollaps", https://www.rnd.de/gesundheit/corona-und-gesundheitssystem-fresenius-chef-kritisiert-einseitigen-blick-auf-intensivbetten-BSLOOBWHJQDZV6YLOEGF7D5HQY.html

[77] "Warum muss da der Steuerzahler helfen?", https://www.welt.de/politik/deutschland/article223491232/Krankenhaeuser-und-Corona-Warum-muss-da-der-Steuerzahler-helfen.html

9.12.2020.[78] "Sind sie wirklich stärker belegt als im Vorjahr? Neue Daten der Initiative Qualitätsmedizin zeigen das Gegenteil. Demnach sanken die Zahlen der Atemwegserkrankungen, der zu Beatmenden und der daran Verstorbenen sogar".

Und auch hier ließen sich noch viele weitere Beispiele anführen dafür, daß mit den Behauptungen, die Politiker ständig für eine Verlängerung der Lockdowns ins Feld führen, definitiv etwas nicht stimmen kann. Leider hält das manche nicht davon ab, die absurdesten Forderungen zu stellen. "Initiative will Europas Wirtschaft komplett runterfahren – bis null Neuinfektionen", lautete die Schlagzeile eines Artikels der "Welt" vom 14.1.2021.[79] Das muß man wirklich drei Mal lesen. Ich für meinen Teil las es drei Dutzend Mal. Ist das noch zu fassen? Die Wirtschaft Europas komplett unter Lockdown stellen und "runterfahren"? Offensichtlich ist den Herrschaften nicht bewußt, welche Folgen das für Abermillionen Europäer hätte. Es kommt noch "besser". Achten Sie auf die Wortwahl: "»Wie viele andere Menschen auch wollen wir nicht länger diesen ewigen Lockdown light oder dieses ständige Hin und Her zwischen Verschärfungen und Lockerungen mittragen«, sagte Sprecher Oliver Kube am Donnerstag der Nachrichtenagentur dpa. Daher sei ein solidarischer »Shutdown aller nicht lebenswichtiger Bereiche, insbesondere der Wirtschaft« nötig." Haben Sie's gemerkt? Falls nicht, kein Problem, ich wiederhole es nochmal und hebe die interessante Stelle hervor: "Shutdown aller nicht lebenswichtiger Bereiche, **insbesondere der Wirtschaft**". Geehrte Leser, ich fürchte, wir haben es hier mit Genies zu tun. Die Wirtschaft gehört also zu den "nicht lebenswichtigen" Bereichen. Ich weiß nicht, was ich dazu sagen soll. Das einzige, was mir dazu einfällt, wäre, solchen Meistergeistern zu empfehlen, sich vorsorglich schonmal Speere zu schnitzen oder Pfeil und Bogen anzuschaffen, um auf Nahrunsjagd zu gehen ...

Übrigens wurde auch die sogenannte "Übersterblichkeit" durch Covid-19 bereits infrage gestellt. Das renommierte Magazin "Telepolis" schrieb am 3.1.2021 dazu: "Mehr als die Hälfte aller Sterbefälle ereignet sich in Deutschland in der Altersgruppe 80 plus, also der Generation der Über-80-Jährigen. Was würde man erwarten, wenn diese Gruppe aufgrund der demographischen Alterung erheblich

---

78 "»Jahrhundert-Pandemie«? Kliniken melden weniger Lungenentzündungen und Beatmungsfälle als im Vorjahr", https://de.rt.com/inland/110313-trotz-corona-kliniken-melden-weniger/

79 https://www.welt.de/politik/deutschland/article224365002/ZeroCovid-Initiative-will-Europas-Wirtschaft-komplett-runterfahren.html

ansteigt? Korrekt, dann sollten auch die Todeszahlen deutlich ansteigen, und zwar einfach deshalb, weil die Sterblichkeit bei älteren Jahrgängen deutlich erhöht ist. Das ist seit 2014 noch stärker als in der Vergangenheit der Fall, weil es in den 1930er Jahren einen Babyboom gab, der zu einer außergewöhnlich starken Besetzung der Altersjahrgänge führt, die heute 80 Jahre und älter sind. Auf diesen Zusammenhang haben jüngst auch Kollegen aus dem Institut für Statistik der Ludwig-Maximilians-Universität in München in einer Stellungnahme sowie Experten des Statistischen Bundesamtes in einem Fachaufsatz hingewiesen. Auch wenn aufgrund von Covid-19 in einzelnen Kalenderwochen eine erhöhte Sterblichkeit zu beobachten ist, liegt die Gesamtsterblichkeit in Deutschland im Jahr 2020 insgesamt unter dem alterungsbedingten Erwartungswert".[80]

Um noch einmal auf die abstruse Forderung der Initiative "#ZeroCovid" zurückzukommen, die Wirtschaft Europas komplett herunterzufahren: Vielleicht ist sie ja gar nicht so "absurd", wie es auf den ersten Blick scheinen mag? Möglicherweise erfüllen die Initiatoren ja sogar - ob bewußt oder unbewußt - die Wünsche gewisser machtelitärer Kreise? Ja, vielleicht lesen sie sie ihnen sogar förmlich von den Lippen ab? Sie werden jetzt sicher die Hände über dem Kopf zusammenschlagen: Wie bitte? Ist der Autor dieser Zeilen grenzdebil? Kann das vielleicht mal aufhören mit diesem verdammten Verschwörungszeug? Leider nicht. Denn bereits vor vier Jahrzehnten offenbarte der damalige Präsident des "Internationalen Währungsfonds", IWF, wohin die Reise in Zukunft gehen soll. Das wollen Sie mir partout nicht glauben? Kein Problem. Besagter Herr namens Jacque le Lerosiére sagte am 30.9.1979 auf einer Konferenz in Belgrad bezüglich dessen, was in Zukunft zu erwarten stünde, es ginge um

"die Neuordnung der Welt auf Kosten einer *Schrumpfung des Arbeitsniveaus und des Lebens* in den *industrialisierten Ländern*".[81]

Das dürfte gesessen haben. Lassen Sie es ruhig erstmal sacken. Auf Kosten "einer Schrumpfung des Arbeitsniveaus und des Lebens"? Also ***genau*** das, was die Lockdowns erreicht haben? Da muß ich doch gleich mal im Wörterbuch unter "Zufall" nachschauen. Weil ich solche Fragen stelle, bin ich natürlich

---

[80] "Keine Übersterblichkeit trotz Covid", https://www.welt.de/politik/deutschland/article224365002/ZeroCovid-Initiative-will-Europas-Wirtschaft-komplett-runterfahren.html

[81] zitiert nach E.R. Carmin, "Das Schwarze Reich", Verlag Ralph Tegtmeier, S. 382

rechtsextremer Reichsflugscheibensammler, der seine Freizeit in Nazi-Chatgruppen auf Hitlergram vertrödelt, wetten? Ach was soll's. Schlaf, Schäflein, schlaf, bleib Mainstream und bleib brav, kauf Pressemärchen einfach ab, es gibt sie schließlich nicht zu knapp ...

Der Schwerpunkt soll also auf den "industrialisierten Ländern" liegen? Dr. John Coleman schrieb dazu einst (hinsichtlich einer angeblich geplanten Bevölkerungsreduktion): "Die Bevölkerungen **Kanadas, Westeuropas und der Vereinigten Staaten** werden viel schneller dezimiert werden als die Bevölkerungen anderer Länder, bis die Weltbevölkerung ein kontrollierbares Niveau von einer Milliarde erreicht hat (...)".[82]

Erinnern Sie sich an das Interview, das Bill Gates der ARD-"Tagesthemen" gab. Gleich zu Beginn des Gespräches sagte der Journalist der ARD, der Gates befragte: "Bisher hat das Virus **besonders hart die Industrieländer getroffen**, ***in Nordamerika, Europa***, China". Nun gehört China natürlich nicht zu den *westlichen* Industrienationen, aber Colemans Voraussage sind ja auch keine Zehn Gebote, die er in Stein gemeißelt vom Berge Sinai getragen hätte. Will sagen: Seine Voraussage deckt sich in ganz erstaunlicher Weise mit dem späteren - heutigen - Geschehen, wobei Abweichungen/Änderungen an der Agenda selbstverständlich immer möglich sind.

Im Internet wird z.B. oft die sogenannte "Deagel-Liste" herumgereicht, eine Webseite, auf der Prognosen zu Bevölkerungszahlen der nahen Zukunft präsentiert werden, z.B. auch Deutschlands.[83] Dort steht zu lesen, die Bevölkerung Deutschlands würde bis 2025 um 28 Millionen Menschen sinken. Im "Disclaimer" unter den projizierten Zahlen für die Länder der Erde ist Folgendes zu lesen:

"Im Jahr 2014 haben wir einen Haftungsausschluss für die Prognose veröffentlicht. In sechs Jahren hat sich das Szenario dramatisch verändert. Dieser neue Disclaimer soll die Situation ab 2020 herausstellen. Es macht keinen Sinn mehr, über die Vereinigten Staaten und die Europäische Union als getrennte

---

[82] Dr. John Coleman, "Die Hierarchie der Verschwörer - Das Komitee der 300", J.K. Fischer Verlag, S. 306, Hervorhebung durch mich.
[83] https://www.deagel.com/forecast

Einheiten zu sprechen. Beide sind der westliche Block, drucken weiter Geld und werden das gleiche Schicksal teilen.

Nach COVID können wir zwei wichtige Schlussfolgerungen ziehen:

1. Das Erfolgsmodell der westlichen Welt wurde auf Gesellschaften aufgebaut, die keine Widerstandsfähigkeit haben und kaum eine Notlage, selbst eine geringe, überstehen können. Es wurde vermutet, aber wir haben die volle Bestätigung ohne jeden Zweifel bekommen.
2. Die COVID-Krise wird genutzt, um das Leben dieses sterbenden Wirtschaftssystems durch den so genannten Great Reset zu verlängern.

Der Great Reset, wie der Klimawandel, Extinction Rebellion, die planetarische Krise, die grüne Revolution, das Schieferöl (...), die vom System gefördert werden, sind ein weiterer Versuch, den Verbrauch natürlicher Ressourcen dramatisch zu verlangsamen und somit die Lebensdauer des aktuellen Systems zu verlängern. Das kann für eine Weile effektiv sein, wird aber letztendlich das Grundproblem nicht angehen und das Unvermeidliche nur hinauszögern. Die herrschenden Kerneliten hoffen, an der Macht zu bleiben, was im Grunde das Einzige ist, was sie wirklich beunruhigt.

Der Zusammenbruch des westlichen Finanzsystems - und letztlich der westlichen Zivilisation - ist der Haupttreiber in der Prognose, zusammen mit einem Zusammenfluss von Krisen mit verheerendem Ausgang. Wie COVID bewiesen hat, sind westliche Gesellschaften, die sich dem Multikulturalismus und dem extremen Liberalismus verschrieben haben, nicht in der Lage, mit wirklichen Härten umzugehen. Die Spanische Grippe vor einem Jahrhundert bedeutete den Tod von 40-50 Millionen Menschen. Heute ist die Weltbevölkerung viermal so groß und der Flugverkehr ist in vollem Gange, der per Definition ein Superspreader ist. Die Todesopfer in der heutigen Welt würden relativ gesehen 160 bis 200 Millionen darstellen, aber wahrscheinlicher sind 300-400 Millionen, wenn man den Faktor Flugreisen berücksichtigt, den es vor einem Jahrhundert noch nicht gab. Bislang liegt die Zahl der COVID-Toten bei etwa 1 Million Menschen. Es ist sehr wahrscheinlich, daß die Wirtschaftskrise aufgrund der Lockdowns weltweit mehr Todesfälle verursachen wird als das Virus [...] Eine weitere Besonderheit des westlichen Systems ist, daß seine Individuen einer Gehirnwäsche unterzogen wurden, sodaß die Mehrheit ihre moralische Überlegenheit und ihren technologischen Vorsprung als gegeben akzeptiert. Dies hat die Vorherrschaft der emotionalen Argumente über die rationalen, die ignoriert oder missachtet werden, entstehen lassen. Diese Denkweise kann eine Schlüsselrolle bei den kommenden katastrophalen Ereignissen spielen".[84]

Wie aus dem Text hervorgeht, werden Flugreisen als "Superspreader" angesehen und auf Basis dieser Annahme die entsprechenden Prognosen errechnet - zusammen mit den genannten wirtschafts- und finanzsystemischen Unsicherheiten, die - laut Deagel - für Katastrophen gewaltigen Ausmaßes verantwortlich sein werden. Man kann sich aber - wie aus den in diesem Buch bisher zusammengetragenen Informationen hervorgeht - darüber streiten, wie tödlich SARS-CoV-2 bzw. Covid-19 nun wirklich ist. Auch dazu - zum Thema Reisen - möchte ich noch einmal Dr. Coleman sprechen lassen: "**Nur der Elite und hochrangigen Funktionären der Eine-Welt-Regierung** werden **privater Transport**, Waffen, Münzen und **Automobile** erlaubt sein".[85]

Unnötig zu erwähnen, warum ich bestimmte Stellen hervorgehoben habe: Weil die kontinuierlichen Angriffe auf die Autoindustrie der letzten Jahre bereits begleitet waren von mehreren politischen Vorstößen, den Automobilverkehr stark einzuschränken oder gar ganz abzuschaffen, sprich zu verbieten - zumindest für den "gemeinen Knecht" ...

Auch dazu schrieb Dr. Coleman etwas: "Nach der Zerstörung der Bauindustrie und des Immobilienmarktes, ***der Auto-***, Stahl und Schwermetallindustrie soll es nurmehr begrenzten Wohnraum geben, und Industrien jeglicher Art wird nur erlaubt, innerhalb enger Grenzen zu funktionieren - unter der Leitung der NATO und des *Club of Rome*. Ebenfalls werden alle wissenschaftlichen Entwicklungen und die Raumfahrt auf eine Elite beschränkt, alles unter der Kontrollle des *Komitees der 300*".[86]

Frage am Rande: Wie ließe sich ein solcher Zustand denn erreichen? Wie könnte man - ohne den "breiten Massen", die man solcherart zu knechten gedenkt, denn solche Maßnahmen aufdrücken, ohne ihnen auf dem Wege einer direkten, offenen Konfrontation gegenübertreten zu müssen? Man könnte zum Beispiel erst eine "Energiewende" verhängen, über deren Folgen so manche Fachleute mittlerweile nur noch den Kopf schütteln. "Experten warnen vor einem

---

[84] a.a.O..
[85] Dr. John Coleman, "Die Hierarchie der Verschwörer - Das Komitee der 300", J.K. Fischer Verlag, S. 308, Hervorhebung durch mich.
[86] ebda., S. 307, Hervorhebung durch mich.

Versorgungsengpass durch die Energiewende in Deutschland", hieß es im "Business Insider" dazu.[87] "Ökonomen warnen vor Ökostrom-Lücke", so die Schlagzeile eines Artikels im "Spiegel".[88] Und der Deutschlandfunkt schlagzeilte: "Unsichere Stromversorgung in Zeiten der Energiewende. Gleich an drei Tagen im Juni war das Risiko für einen Stromausfall in Deutschland extrem hoch – obwohl das deutsche Stromnetz als eines der sichersten der Welt gilt. Experten warnen: Die Blackout-Gefahr ist bis jetzt unterschätzt worden".[89] Kurz, man verknappt durch eine solche "Wende" die Energie - so wie Coleman es schon vor einigen Jahrzehnten als "Programmpunkt" auf dem Fahrplan der "Neuen Weltordnung" angekündigt hatte.

Dann startet man Angriffe auf die Auto-Industrie. Aber auch das genügt natürlich noch nicht. Ja, und dann? Nun, dann könnte man Folgendes planen:

"Geht es nach Plänen des Wirtschaftsministeriums, könnte auf Besitzer von Elektroautos ein zeitlich begrenzter Blackout zukommen. Ein Gesetzentwurf erlaubt es Stromanbietern, bei drohender Überlastung große Verbraucher vom Netz zu nehmen".[90]

Raffiniert, nicht wahr?

Der "Club of Rome", von dem Coleman sprach, ist übrigens diejenige "Denkfabrik", in der das "Post-Industrial Zero Growth Theorem" entwickelt wurde, also das "postindustrielle Nullwachstumstheorem", auf dessen Basis der bereits erwähnte Rückbau in den westlichen Industrienationen, oder wie heutige Politiker - wie z.B. US-Präsident Joe Biden - sagen, das "Build Back Better" oder „Building Back Better“ erfolgen soll. Das von politischer Seite allerdings nicht als

---

87 https://www.businessinsider.de/wirtschaft/energiewende-deutschland-droht-ein-versorgungsengpass-2019-9/

88 https://www.spiegel.de/wirtschaft/soziales/energiewende-oekonomen-warnen-vor-gefaehrlicher-stromluecke-a-1256617.html

89 https://www.deutschlandfunk.de/ruesten-gegen-den-blackout-unsichere-stromversorgung-in.724.de.html?dram:article_id=456306

90 "Wirtschaftsministerium plant Zwangs-Ladepausen für Elektroautos", https://www.welt.de/wirtschaft/article224474350/Wirtschaftsministerium-plant-Zwangs-Ladepausen-fuer-Elektroautos.html

drastischer Rück- oder Abbau beschrieben wird, sondern als „Erholung“ nach der Covid-19-Krise.[91]

So hieß es in der Zeitschrift "Auto Motor Sport": "Immer mehr Länder weltweit planen, Fahrzeuge mit Verbrennern zu verbieten – nun auch Japan und China. Wir zeigen, zu welchen Zeitpunkten Verbote geplant sind".[92] Auch der "Focus" brachte einen Artikel: "Diesel- und Benziner-Verbot ab 2030 – was müsste dafür wirklich passieren?".[93] Der Sender "n-tv" schrieb dazu: "Aus des Verbrenners ist geplant: Setzt sich die E-Mobilität per Verbot durch?".[94] In der "Autozeitung" war zu lesen: "Studie plädiert auf Verkaufsverbot für Verbrenner ab 2028".[95] Im Artikel heißt es, zu diesem Schluß sei "eine Greenpeace-Studie" gekommen. Soso. Also diejenige Vereinigung, die von der Rockefeller-Foundation gepämpert wird?[96] Derselben Stiftung, die zusammen mit dem Weltwirtschaftsforum, der treibenden Kraft hinter dem "Großen Reset", der Johns Hopkins-Universität (finanziert mit Rockefeller-Geldern)[97] und der Bill und Melinda Gates-Stiftung das "Event 201" durchführte, also die "Pandemie-Übung" im Vorfeld der "Corona-Krise"? Und ist das dieselbe "enorm einflußreiche" Johns Hopkins, die laut einer Meldung von "APA-OTS" hinter grausigen Menschenversuchen stecken soll?

---

[91] "Build Back Better: Joe Biden’s Jobs and Economic Recovery Plan for Working Families", https://joebiden.com/build-back-better/

[92] "16 Millionen Fahrzeuge von Fahrverboten betroffen", https://www.auto-motor-und-sport.de/verkehr/verbrenner-aus-immer-mehr-verbote-zukunft-elektroauto/

[93] https://www.focus.de/auto/elektroauto/elektroautos-verbrenner-verbot-ab-2030-was-muesste-dafuer-wirklich-passieren_id_10562321.html

[94] https://www.n-tv.de/auto/Setzt-sich-die-E-Mobilitaet-per-Verbot-durch-article22148562.html

[95] https://www.autozeitung.de/zev-benziner-diesel-verbot-bis-2050-116894.html

[96] https://www.rbf.org/grantees/greenpeace-fund-inc

[97] "Öffentliche Gesundheit an der Johns Hopkins. Die School of Hygiene and Public Health an der Johns Hopkins wurde 1916 mit finanzieller Unterstützung der Rockefeller Foundation (RF) gegründet. Die Schule war die erste ihrer Art in den Vereinigten Staaten und **wurde enorm einflussreich in diesem Bereich**", https://rockfound.rockarch.org/de/public-health-at-johns-hopkins, Hervorhebung durch mich.

"Baltimore (ots/PRNewswire) - Mehr als 750 Opfer haben gegen die Rockefeller-Stiftung, das Johns Hopkins Hospital, die Johns Hopkins University, die Johns Hopkins University School of Medicine, die Johns Hopkins Bloomberg School of Public Health und die Johns Hopkins Health System Corporation geklagt. In Ihrer Klage wird diesen Institutionen vorgeworfen, die treibenden Kräfte hinter Menschenversuchen gewesen zu sein, bei denen schutzlose Bevölkerungsgruppen Guatemalas getäuscht und ohne Einwilligung nach erfolgter Aufklärung der Syphilis, Gonorrhö und anderen Geschlechtskrankheiten und Krankheitserregern ausgesetzt wurden. Die Versuche wurden an Schulkindern, Waisen, Patienten von psychiatrischen Krankenhäusern, Gefangenen und Wehrpflichtigen durchgeführt.

»Das könnte direkt aus den Aufzeichnungen von Dr. Mengele stammen.« So äußerte sich Bradley Stoner, MD ["Medical Doctor", also Arzt, meine Anmerkung] und ehemaliger President der American Sexually Transmitted Disease Association zu diesen Menschenversuchen in Guatemala in seinen Kommentaren, in denen er sie mit den medizinischen Experimenten vergleicht, die die Nationalsozialisten während des zweiten Weltkriegs an den Juden in Auschwitz durchführten.

Die Regierung Obama entschuldigte sich 2010 bei Guatemala für die Menschenversuche in ihrem Land. Die Regierung beauftragte die Presidential Commission for the Study of Bioethical Issues mit der Untersuchung der Experimente. Die Einzelheiten der Versuche wurden bewusst vor der Welt geheim gehalten. Dies änderte sich erst dann, als die Kommission im September 2011 ihren Bericht veröffentlichte und darin bestätigte, dass barbarische Menschenversuche, die Menschenrechtsverletzungen darstellten, stattgefunden haben. So wurden beispielsweise Prostituierte mit Geschlechtskrankheiten infiziert und anschließend anderen Versuchssubjekten für den Geschlechtsverkehr angeboten, um die Krankheit willentlich zu übertragen (...)".[98]

---

98 https://www.ots.at/presseaussendung/OTS_20150402_OTS0161/rockefeller-und-johns-hopkins-sollen-laut-klage-guatemaltekischer-opfer-hinter-entsetzlichen-syphilis-experimenten-an-menschen-stecken

Bange Frage: Und einer Institution, gegen die solche Vorwürfe erhoben werden, soll ich in Sachen Covid-19 vertrauen?

Wie bereits erwähnt, werde ich nun einen kurzen Schlenker zu den "Georgia Guidestones", einer kreisförmigen Anordnung großer Monolithen aus Stein, derjenigen in Stonehenge ähnlich, unternehmen, zu denen Dr. theol. habil. Elisabeth Roth Folgendes schrieb:

"Halte die Menschheit unter 500 Millionen in stetigem Einklang mit der Natur. Die Diktion führt ein Zahlenmaß zur Menschheits-Haltung vor Augen. Es liegt »unter 500 Millionen« bei damals 5-6, heute 7 Milliarden »Menschen«. Die Art der Minderung wird nicht gesagt. Legitimation für die Grenzsetzung ist der »Einklang mit der Natur«. [...] Weder das Kriterium, noch die Voraussetzung ist benannt für den totalen Menschheitsschwund und das »Halten« »unter« der Messlatte. Die oberste kontinuierliche und begründende Maxime ist das »Gleichgewicht«, die Harmonie mit der Natur. Sie ist das Maß der »Menschheit«, diese hat sich der Natur zuzumessen, also zu mindern in »haltender« Beschneidung zu »stetigem Einklang«. Das Maß der Beschneidung ist anmaßend, unbegründet wie unbedingt, absolut gefordert. Es begründet sich implizit im Schein eines naturästhetischen Postulats des Strebens nach Erhellung. Es wirkt wie eine von der Natur autorisierte, unwiderlegbare Ermächtigung. Der so Bemessende setzt als Über-, Un- wie Nicht-»Mensch« oder Dämon der geschaffenen »Menschheit« autoritär Grenze. [...] Denn »mit der Natur in stetigem Einklang« zu sein, erzwingt die Obergrenze von »unter 500 Millionen«. Stringente Folge ist eine nicht an-»haltende« Vernichtung jener Masse »Menschheit«, die darüber ist. Gleich dem sich bespringenden Vieh ist »die Menschheit« zu »halten«. Würfe oberhalb der Messzahl sind überschüssig. So etwas hat kein Recht auf Leben! »Die Menschheit« erscheint nur noch als Bestand eines Restes. Der ist zu beschneiden gleich einer wuchernden Hecke, oder zu »fällen« gleich dem umgelegten Baum, dessen Stumpf oder »Stamm bleibt«. [...] Der »Mensch« als einzelner ist ohne Belang, ohne Würde. Er ist Schlachtvieh, Schneidehecke oder Bio-Masse wie Sache seines Eigentümers im Maß setzenden tödlichen Beschneidungsbefehl. [...] Der biblische Glaube, Gottes Liebe zu jedem einzelnen »Menschen« wie zur Natur, wird mit Füßen getreten, speziell die christliche Rechtfertigungsbotschaft. Danach ist jeder Einzelne als Gottes Geschöpf geliebt und hat in der Liebe Christi Recht erhalten, »ge-halten«, frei von Schuld, aufgerichtet zum Leben. Hier wird der »Mensch« zugerichtet von der Natur, im gerichteten Maß von Zahl und Art! Genau besehen, befiehlt das jemand, der sich hinter »stetigem Einklang mit der Natur« versteckt.

Die Natur wird instrumentalisiert wie zu einer Maßgabe des Anti-Menschlichen bzw. einer Anti-Schöpfung. Die Stilisierung erweckt den Schein, als würde im Auftrag der Natur wie eines Gesetzes diktiert. Maßstab des vorausgesetzten Ordnungsprinzips ist eine radikale Umkehrung wie Umwertung. [...] Wie das geschehen soll, ist nicht gesagt. Die avisierte Haltung, Minderung der »Menschheit« scheint aufgenommen zu sein von Prof. Dr. Hans-Joachim Schellnhuber. Er behauptet ohne Scheu, »daß die Weltbevölkerung nicht mehr als eine Milliarde betragen sollte.« Mehr verkrafte der Planet nicht! Wie das Maß zu erreichen und zu halten ist, dazu läßt er als »Chefberater der Bundesregierung« nichts verlauten. [...] Der molochartige Menschheitsschwund insinuiert ein automatisches Geschehen »in stetigem Einklang« mit der Natur. Er wird Folge einer inneren »Haltung«, der äußeren »Haltung« der »Menschheit unter 500 Millionen«-Masse zuzustimmen. Er gleich der Identifikation des »Menschen« mit der juristischen Person im Personalausweis. So macht er sich zur Tiara-»Sache«, zum »Vieh« Baphomets. Seine Beschneidung ist »ideo-logisch« naturverbrämt nazi-radikalisiert. Der entmenschende Kahlschnitt ist willkürlich gesetzt wie ein Gesetz zur »Natur-Aus-Lichtung«, Ausleuchtung okkulter Erhellung".[99]

[99] Elisabeth Roth, "Und führe uns ... zur Schein-Mensch-Bildung", Shaker Verlag 2017, S. 21-23.

Woher stammt das SARS-Cov-2-Virus?

Die amerikanische gemeinnützige Organisation "U.S. Right to Know" (fürderhin USRTK genannt) reichte am 5. November 2020 eine Klage gegen die "National Institutes of Health" (NIH) ein. Grund: Die NIH, so USRTK, habe gegen Auflagen des "Freedom of Information Act" (FOIA) verstoßen.

"Die Klage, die beim U.S. District Court in Washington, D.C. eingereicht wurde, zielt auf Korrespondenz mit oder über Organisationen wie das »Wuhan Institute of Virology« und das »Wuhan Center for Disease Control and Prevention« sowie die »EcoHealth Alliance« ab, die sich mit dem »Wuhan Institute of Virology« zusammengetan und dieses finanziert hat. Der heutige Rechtsstreit gegen das NIH ist ein Teil unserer Bemühungen, aufzudecken, was über die Ursprünge von SARS-CoV-2 und die Risiken von Biosicherheitslabors sowie die Gain-of-Function-Forschung bekannt ist, die darauf abzielt, die Infektiosität oder Letalität potenzieller pandemischer Krankheitserreger zu erhöhen. Seit Juli haben wir 36 staatliche, bundesstaatliche und internationale Anträge für öffentliche Aufzeichnungen zu diesen Themen gestellt"[100], schrieb die Organisation in ihrem Artikel. Man habe sich mehrfach bemüht, Auskunft von den NIH zu erhalten, aber nie eine Antwort erhalten. "Wir wollen wissen, ob die US-amerikanische oder die chinesische Regierung oder mit ihnen verbundene Wissenschaftler Daten über den Ursprung von SARS-CoV-2 oder über die Risiken von Biosicherheitslabors und die Forschung zum Funktionsgewinn verheimlichen", so USRTK weiter.

Die "EcoHealth Alliance" sollten Sie im Hinterkopf behalten, denn ihre Verbindungen zu anderen Organisationen im Umfeld der "Corona-Pandemie" wird noch wichtig sein. Gab es Beziehungen zwischen den NIH und dem Biosicherheitslabor im chinesischen Wuhan? Und inwiefern war Dr. Anthony Fauci darin verstrickt?

"Fauci war die treibende Kraft hinter den Forschungsaktivitäten, die es der Kommunistischen Partei Chinas ermöglichten, tödliche SARS-Coronaviren herzustellen", schrieb Dr. Joseph Mercola in einem Artikel vom 30. Oktober

100 "„U.S. Right to Know“ verklagt NIH auf Dokumente über die Ursprünge von SARS-CoV-2", https://axelkra.us/u-s-right-to-know-verklagt-nih-auf-dokumente-ueber-die-urspruenge-von-sars-cov-2-u-s-right-to-know/

2020[101], "was wiederum zur – zufälligen oder nicht zufälligen – Freisetzung von SARS-CoV-2 aus dem Wuhan-Institut für Virologie führte. Fauci hat den Generaldirektor der WHO, Tedros Adhanom Ghebreyesus, unterstützt und gelobt. Dieser ist Mitglied einer marxistisch-leninistischen äthiopischen politischen Partei mit einer korrupten Vergangenheit und terroristischen Verbindungen, der auch beschuldigt wurde, Cholera-Ausbrüche in Äthiopien zu vertuschen. Fauci hat vor kurzem ein Papier veröffentlicht, in dem er die Möglichkeit ablehnt, dass SARS-CoV-2 im Wuhan Institute of Virology erzeugt und dort freigesetzt worden sein könnte, und stattdessen für eine natürliche Mutation plädiert. **Er nutzt die Pandemie auch zur Rechtfertigung des »Green New Deal« und der globalistischen Bewegung, die als »The Great Reset« bekannt ist.**"[102]

Dr. Anthony Fauci ist seit 1984 Direktor des "National Institute of Allergy and Infectious Diseases" (NIAID) und war eine Zeit lang Leiter der "Coronavirus Task Force" des Weißen Hauses. Das NIAID finanzierte unter Faucis Leitung Funktionsgewinn-Forschung an Coronaviren in Fledermäusen im "Wuhan Institute of Virology". Einem Bericht von "Newsweek" zufolge soll diese Forschung in zwei Teilen erfolgt sein.[103]

"Der erklärte Zweck [der Gain-of-Function-Forschung] ist es, zu lernen, künftige Ausbrüche zu verhindern und zu behandeln; aber Forschungslabors sind die häufigste Quelle für Ausbrüche gefährlicher Krankheitserreger, darunter SARS-CoV-2, sowie für zwei frühere zufällige Ausbrüche von SARS-Viren im Jahr 2004 aus einer Forschungseinrichtung in Peking", schrieb Dr. Peter Breggin in einem Bericht mit dem Titel "Dr. Fauci's COVID-19 Treachery. With Chilling Ties to

---

[101] "Faucis verräterische Verbindungen nach China und zu den Globalisten", https://axelkra.us/faucis-verraeterische-verbindungen-nach-china-und-zu-den-globalisten-joseph-mercola/

[102] ebda., Hervorhebung durch mich.

[103] "Dr. Fauci Backed Controversial Wuhan Lab with U.S. Dollars for Risky Coronavirus Research", https://www.newsweek.com/dr-fauci-backed-controversial-wuhan-lab-millions-us-dollars-risky-coronavirus-research-1500741

the Chinese Military" ("Dr. Faucis Covid-19-Hochverrat. Mit unheimlichen Verbindungen zum chinesischen Militär").[104]

"Obwohl Präsident Trump im April 2020, nachdem die chinesisch-amerikanischen Kooperationen öffentlich bekannt wurden, die Finanzierung gefährlicher Gain-of-Function-Forschung über Viren einstellte, hat Fauci seither »eine Flut neuer Gelder freigesetzt, die mit ziemlicher Sicherheit« chinesischen Wissenschaftlern mit CCP-Beziehungen zugute kommen werden, die noch an verschiedenen US-Universitäten und anderen Forschungseinrichtungen arbeiten. [...] Ein Teil der Gelder geht wiederum an die »EcoHealth Alliance«, die seit Jahren ihre Forschungsprojekte an das WIV und andere chinesische Forscher ausgelagert hat. Jüngste Berichte deuten jedoch darauf hin, daß das NIH nun von der Organisation die Vorlage von Aufzeichnungen verlangt, die ihre Arbeit mit dem Labor in Wuhan detailliert beschreiben, bevor die Mittel freigegeben werden. **Fauci fuhr auch 2014 damit fort, die Gain-of-Function-Forschung an das WIV auszulagern, nachdem der damalige Präsident Obama angeordnet hatte, diese Forschung zu stoppen.** Zu dieser Zeit fuhr er ebenfalls fort, die Zusammenarbeit zwischen US- und WIV-Forschern unter der Leitung von Dr. Vineet Menachery an der Universität von North Carolina zu finanzieren.

»Um während des Obama-Moratoriums gefährliche Virusforschung aus den USA nach China auszulagern, genehmigte Fauci das Wuhan-Institut vorzeitig als eine Eindämmungseinrichtung auf höchster Ebene (bekannt als BSL-4), die in der Lage ist, sicher mit tödlichen Viren zu arbeiten«, schreibt Breggin. »**Er tat dies, obwohl er wusste, daß das Institut eine sehr schlechte Sicherheitsbilanz hatte**, und obwohl er auch wusste, daß alle derartigen Einrichtungen in China vom Militär als Teil seines Programms zur biologischen Kriegsführung überwacht werden. Auf diese Weise schuf Fauci zwei schwerwiegende weltweite Bedrohungen, die versehentliche Freisetzung eines tödlichen Coronavirus und/oder seine Verwendung als militärische Waffe«. Interessanterweise war das ursprüngliche Moratorium für die Erforschung von Funktionsgewinnen zwar eine direkte Anordnung des Präsidenten, doch als das Moratorium Ende 2017

---

[104] Dr. Peter R. Breggin und Ginger R. Breggin, "Dr. Fauci's COVID-19 Treachery. With Chilling Ties to the Chinese Military", https://breggin.com/coronavirus/Final-Fauci-Treachery-Report-10.19.2020.pdf

aufgehoben wurde, geschah dies durch die »National Institutes of Health« und das NIAID."[105]

Es scheint übrigens auch Verbindungen zwischen einigen dieser Organisationen und der "DARPA" ("Defense Advanced Research Projects Agency") zu geben, dem Forschungsarm des Pentagon. "Die DARPA hat vor kurzem Millionen für die Coronavirus-Forschung an Fledermäusen ausgegeben, ebenso wie für das Gen-Editing von »Biowaffen« – vor dem jüngsten Ausbruch des Coronavirus", schrieb die Enthüllungsjournalistin Whitney Webb am 30. Januar 2020 in einem Artikel.[106]

"In dem Maße", so Webb, "in dem die Besorgnis über die Zukunft des laufenden Ausbruchs wuchs, wuchs auch die Zahl der Theorien, die über den Ursprung des Ausbruchs spekulieren, von denen viele eine Reihe von staatlichen Akteuren und/oder umstrittenen Milliardären beschuldigen. Dies hat unweigerlich zu Bemühungen geführt, gegen »Fehlinformationen« im Zusammenhang mit dem Ausbruch des Coronavirus vorzugehen, sowohl in den Mainstream-Medien als auch auf den großen Social-Media-Plattformen. Doch während viele dieser Theorien eindeutig spekulativ sind, gibt es auch nachprüfbare Beweise für das jüngste Interesse einer umstrittenen US-Regierungsbehörde an neuartigen Coronaviren, insbesondere an solchen, die von Fledermäusen auf Menschen übertragen werden. **Diese Agentur, die »Defense Advanced Research Project Agency« (DARPA) des Pentagons, begann im Jahr 2018, Millionen für solche Forschungen auszugeben**, und einige dieser vom Pentagon finanzierten Studien wurden **in bekannten US-Militärlabors für Biowaffen an der Grenze zu China durchgeführt** und führten erst im vergangenen April **zur Entdeckung von Dutzenden neuer Coronavirus-Stämme**. Darüber hinaus wurden die **Verbindungen des wichtigsten Biowaffenlabors des Pentagons zu einem virologischen Institut in Wuhan, China** – wo der aktuelle Ausbruch vermutlich begonnen hat – in englischsprachigen Medien bisher nicht berichtet.

---

105 "Faucis verräterische Verbindungen nach China und zu den Globalisten", https://axelkra.us/faucis-verraeterische-verbindungen-nach-china-und-zu-den-globalisten-joseph-mercola/, Hervorhebungen durch mich.

106 "Fledermäuse, Gene Editing und Biowaffen: DARPA Experimente wecken Bedenken inmitten des Coronavirus-Ausbruchs", https://axelkra.us/fledermaeuse-gene-editing-und-biowaffen-juengste-darpa-experimente-wecken-bedenken-inmitten-des-coronavirus-ausbruchs-whitney-webb/

Während vorerst völlig unbekannt bleibt, was den Ausbruch verursacht hat, sind die Details der jüngsten Experimente der DARPA und des Pentagons eindeutig im öffentlichen Interesse, vor allem, wenn man bedenkt, **daß genau die Unternehmen, die kürzlich ausgewählt wurden, um einen Impfstoff zur Bekämpfung des Coronavirus-Ausbruchs zu entwickeln, selbst strategische Verbündete der DARPA sind**. Und nicht nur das: **Diese von der DARPA unterstützten Unternehmen entwickeln umstrittene DNA- und mRNA-Impfstoffe für diesen speziellen Coronavirus-Stamm**, eine Kategorie von Impfstoffen, die in den Vereinigten Staaten noch nie für den menschlichen Gebrauch zugelassen wurde".[107]

Um es noch einmal zu wiederholen: Der offiziellen Lesart der Ereignisse zufolge habe sich dieses neuartige Coronavirus über einen Markt für Meeresfrüchte in Wuhan ausgebreitet, auf dem auch exotische Tiere gehandelt werden. Darüber, daß das Pentagon - angeblich rein defensive - Forschungsprogramme betrieb oder diese co-finanzierte, berichtete auch die "Washington Post" in einem Artikel am 3. Juli 2018 ("How the Pentagon is planning to use bats in the battle against bioweapons", "Wie das Pentagon plant, Fledermäuse im Kampf gegen Biowaffen einzusetzen").[108]

"Jedoch enthüllte eine Gruppe angesehener, unabhängiger Wissenschaftler in einer vernichtenden Analyse des Programms, dass dieses weit von einem rein »defensiven« Forschungsprojekt entfernt, sondern auf die Herstellung und Freisetzung einer »neuen Klasse biologischer Waffen« ausgerichtet sei. Die Wissenschaftler unter der Leitung von Richard Guy Reeves vom Max-Planck-Institut für Evolutionsbiologie in Deutschland warnten in ihrem Schreiben an die Zeitschrift »Science«, daß DARPA-Programm – das Insekten als Träger von Stoffen zur genetischen Veränderung der Umwelt (HEGAAS) [»Horizontal Environmental Genetic Alteration Agents«, Anm. d. Übersetzers] – offenbare »eine Absicht, ein Mittel zur Lieferung von HEGAAs für offensive Zwecke zu entwickeln«."[109]

---

[107] a.a.O., Hervorhebungen durch mich.

[108] https://www.scmp.com/news/world/united-states-canada/article/2153562/how-pentagon-planning-using-bats-battle-against

[109] "Fledermäuse, Gene Editing und Biowaffen: DARPA Experimente wecken Bedenken inmitten des Coronavirus-Ausbruchs", https://axelkra.us/fledermaeuse-gene-editing-und-biowaffen-juengste-darpa-

Webb zählt in ihrem Artikel weitere Forschungsprojekte auf, die offiziell lediglich der Verteidigung oder Prävention dienen, dem Schutz vor möglichen Angriffen mit Biowaffen. Laut Webb steht der Großteil dieser Forschungen im Zusammenhang mit dem "Preventing Emerging Pathogenic Threats"-(PREEMPT)-Programm der DARPA ("Verhinderung auftauchender pathogener Bedrohungen").[110]

"Es ist auch wichtig, auf die Tatsache hinzuweisen", so Webb, "daß die wichtigsten Laboratorien des US-Militärs, in denen tödliche Krankheitserreger untersucht werden, darunter Coronaviren, Ebola und andere, im vergangenen Juli plötzlich geschlossen wurden, nachdem das »Center for Disease Control and Prevention« (CDC) große »Biosicherheitslücken« in der Einrichtung festgestellt hatte. Das »US Army Medical Research Institute of Infectious Diseases« (USAMRIID) in Fort Detrick, Maryland – die US-Militärs betreiben Labors für Forschung in Sachen der »biologischen Verteidigung« seit den späten 1960er Jahren – wurde gezwungen, alle Forschungen an tödlichen Krankheitserregern zu stoppen, nachdem die CDC herausgefunden hatte, dass es an »ausreichenden Systemen [fehlte], um Abwasser [aus seinen Labors der höchsten Sicherheitsstufe] zu dekontaminieren« **und das Personal darin versagte, den Sicherheitsprotokollen zu folgen – neben anderen Fehltritten**. Die Einrichtung enthält sowohl Labore der Stufe 3 als auch der Stufe 4 für biologische Sicherheit. Während es nicht bekannt ist, ob Experimente mit Coronaviren zu der Zeit im Gange waren, war USAMRIID vor kurzem an Forschungen beteiligt, die aus der Sorge des Pentagon um eine mögliche Verwendung von Fledermäusen als Biowaffe entstanden."[111]

Doch nicht nur in den alternativen Medien, zu den auch Whitney Webb zählt, sondern auch in US-Mainstreammedien wurden Sorgen um die Sicherheit in Biosicherheitslaboren laut. So schrieb z.B. "USA Today" in einem Artikel vom

---

experimente-wecken-bedenken-inmitten-des-coronavirus-ausbruchs-whitney-webb/

110 https://www.darpa.mil/news-events/2018-01-04

111 "Fledermäuse, Gene Editing und Biowaffen: DARPA Experimente wecken Bedenken inmitten des Coronavirus-Ausbruchs", https://axelkra.us/fledermaeuse-gene-editing-und-biowaffen-juengste-darpa-experimente-wecken-bedenken-inmitten-des-coronavirus-ausbruchs-whitney-webb/, Hervorhebung durch mich.

28. Mai 2015[112]: "Fläschchen mit Bioterror-Bakterien sind verschwunden. Mit tödlichen Viren infizierte Labormäuse sind entkommen, und wilde Nagetiere wurden beim Nestbau mit Forschungsabfällen gefunden. Rinder, die bei Impfstoffexperimenten an einer Universität infiziert wurden, wurden wiederholt zur Schlachtung geschickt und ihr Fleisch für den menschlichen Verzehr verkauft. Die Ausrüstung, die Laborarbeiter vor tödlichen Viren wie Ebola und Vogelgrippe schützen soll, hat wiederholt versagt. Eine Untersuchung des USA TODAY Network zeigt, daß in den letzten Jahren Hunderte von Laborfehlern, Sicherheitsverstößen und Beinahe-Zwischenfällen in biologischen Labors von Küste zu Küste aufgetreten sind, die Wissenschaftler, ihre Kollegen und manchmal sogar die Öffentlichkeit gefährdet haben. Die Aufsicht über biologische Forschungslabore ist zersplittert, oft geheimnisvoll und weitgehend selbstüberwachend, wie die Untersuchung ergab. Und selbst wenn Forschungseinrichtungen die ungeheuerlichsten Sicherheitsverstöße begehen - wie es bei mehr als 100 Laboren der Fall war - halten die Bundesbehörden ihre Namen geheim."

Und in einem Artikel des "New Yorker" vom 18. März 2020 stellte die Reporterin Elisabeth Eaves die Frage: "Alarmiert durch neue Krankheitserreger, bauen wir mehr Labore, um sie zu untersuchen. Können wir das tun, ohne die Wahrscheinlichkeit eines katastrophalen Ausbruches zu erhöhen?"[113]

"ABC News" fragte am 4. Januar 2013: "Biolabore in der Nachbarschaft: Wie sicher sind sie? Die Zahl der Labore für Infektionskrankheiten steigt, aber die Nachbarn sorgen sich um die Sicherheit"[114], und das "Insurance Journal" merkte zur Thematik am 15. Februar 2012 an[115]: "Labore, deren Experimente mit gefährlichen Krankheitserregern von der US-Regierung finanziert werden, müssen bestimmte Regeln befolgen, um ein Entweichen der Mikroben zu

---

112 "Inside America's secretive biolabs", https://eu.usatoday.com/story/news/2015/05/28/biolabs-pathogens-location-incidents/26587505/

113 "The Risks of Building Too Many Bio Labs", https://www.newyorker.com/science/elements/the-risks-of-building-too-many-bio-labs

114 https://abcnews.go.com/Health/infectious-disease-lab-irks-bostonians/story?id=18134903

115 "Safety, Security at Bio Labs Open to Interpretation, Not Matter of Law", https://www.insurancejournal.com/news/national/2012/02/15/235428.htm

verhindern, aber diese Regeln sind für Forscher, die mit privaten Mitteln arbeiten, nicht durchsetzbar. Außerhalb des Landes sind die Sicherheitsanforderungen sehr unterschiedlich, sagen Experten. »Es ist alles Auslegungssache«, sagte ein Wissenschaftler, der dem U.S. National Science Advisory Board for Biosecurity nahe steht, das Forschungen überwacht, die eine bioterroristische Bedrohung darstellen könnten. Wenn ein Labor, das von der US-Regierung finanziert wird, gegen die Richtlinien verstößt, können die Centers for Disease Control and Prevention den Geldfluss stoppen, »aber sie können Sie nicht stilllegen«, sagte der Wissenschaftler. »Ich habe im Moment nicht viel Vertrauen in unsere Biosicherheit«."

Und so geht es in einem fort. Ich habe lediglich aus einer Handvoll an Berichten zitiert. Sie können sich mittels eigener Recherche mühelos davon überzeugen, daß es sich keineswegs um Siewissenschontheorien handelt, sondern ernsthafte Bedenken namhafter, renommierter Wissenschaftler aus aller Welt. Wie sicher sind solche Laboratorien? Und kann man wirklich davon ausgehen, daß die installierten Sicherheitsprotokolle stets 100%ig befolgt, daß sämtliche Vorschriften penibel befolgt werden? Worauf ich damit natürlich hinaus wollte: Angesichts der zahlreichen möglichen Fehler- und Gefahrenquellen erscheint mir die Frage, ob so mancher Erreger vielleicht absichtlich freigesetzt worden sein mag, beinahe irrelevant. Es würde ja schon völlig genügen, wenn aufgrund "höherer Gewalt" - z.B. eines Laborunfalls, einer Explosion oder dergleichen oder schlimmstenfalls gar einer Naturkatastrophe, bspw. eines Erdbebens - solche Keime in die freie Wildbahn gelangen. Einfaches menschliches Versagen langt völlig. Genau deshalb wurden solche Forschungen ja auch mehrere Male verboten, aber dadurch umgangen, daß sie einfach aus dem Land, in dem dieses Verbot galt, ausgelagert wurden - so wie die "Gain-of-Function"-Forschung von der NIAID ans das "Wuhan Institute of Virology". Mithin muß erwähnt werden, daß es solche Forschungsprogramme natürlich nicht nur in den USA gibt - auch in England gibt es solche Hochsicherheits-Biolabore, in denen an gefährlichen Erregern gearbeitet wird, in Frankreich, Russland, der Schweiz und anderen Ländern - auch in Deutschland.

Könnte SARS-Cov-2 also eine Laborschöpfung sein? Könnte es sich um ein durch Menschenhand genetisch verändertes Virus handeln?

Dies behauptet z.B. Prof. Guiseppe Tritto, ein international anerkannter Experte auf dem Gebiet der Bio- und Nanotechnologie. In seinem Buch "China COVID-19: The Chimera That Changed the World" sei SARS-Cov-2 kein natürlich entstandenes Virus, sondern aus Laborexperimenten hervorgegangen. "Laut Tritto begann die Entstehung von SARS-CoV-2 in der Folge der SARS-Epidemie 2003, als chinesische Forscher mit der Arbeit an einem SARS-Impfstoff begannen. Der verantwortliche Wissenschaftler für dieses Programm des Wuhan-Instituts für Virologie war Dr. Shi Zhengli. Tritto behauptet, Shi habe mit Hilfe des französischen Pasteur-Instituts, das ihr gezeigt habe, wie man ein Segment des HIV-Virus in ein Hufeisenfledermaus-Coronavirus einführt, mittels reverser Genetik ein SARS-ähnliches Virus mit erhöhter Pathogenität erzeugt."[116]

In einem Interview sagte Tritto: "Dank der von Shi zur Verfügung gestellten Matrixviren schuf Baric [gemeint ist Prof. Ralph Baric von der Universität von North Carolina, meine Anmerkung] 2015 eine Chimäre des Maus-SARS-Virus, die eine pathogene Wirkung auf in vitro analysierte menschliche Zellen hat. An diesem Punkt wird die Zusammenarbeit zwischen China und den USA zur Konkurrenz. Shi will an einem leistungsfähigeren Virus arbeiten, um einen leistungsfähigeren Impfstoff herzustellen: Sie kombiniert ein Fledermausvirus mit einem Pangolinvirus in vitro und veröffentlicht 2017 die Ergebnisse dieser Forschung in einigen wissenschaftlichen Artikeln. Ihre Forschung weckt das Interesse des chinesischen Militärs und des medizinisch-biologischen Sektors, der sich mit biologischen Waffen befasst ... So schließen sich Shi Ärzte und Biologen an ... wie Guo Deyin, ein Gelehrter für Impfstoffe gegen AIDS und antivirale Hepatitis und Experte für genetische Rekombinationstechniken. Die Einführung der neu entwickelten Inserts in das Virusgenom ist das Ergebnis der Zusammenarbeit zwischen dem Shi-Team und dem von Guo Deyin. Die Realisierung dieser neuen Chimäre ist vom wissenschaftlichen Standpunkt aus gesehen ein Erfolg. So sehr, dass die beiden Forscher nach dem Ausbruch der Epidemie die WHO bitten, es als neues Virus, H-nCoV-19 (Human new COVID-19), und nicht als ein anderes von SARS abgeleitetes Virus zu registrieren".[117]

---

116 "Weitere Experten weisen darauf hin, dass SARS-CoV-2 aus einem Labor stammen könnte", https://axelkra.us/weitere-experten-weisen-darauf-hin-dass-sars-cov-2-aus-einem-labor-stammen-koennte/

117 "CINA COVID 19 – La chimera che ha cambiato il mondo", https://www.sabinopaciolla.com/cina-covid-19-la-chimera-che-ha-cambiato-il-mondo/

Laut Dr. Joseph Mercola besitzt Prof. Baric "ein Patent (U.S.-Patent 7279327) über »Verfahren zur Herstellung rekombinanter Coronaviren«."[118]

Die Zeitschrift "Pro Publica" schrieb zu den Risiken solcher Forschungen am 17. August 2020[119]: "Auch wenn niemand behauptet, daß die UNC das Virus, das COVID-19 verursacht, allein oder zusammen mit dem Labor in Wuhan geschaffen hat, zeigen solche Beinaheunfälle die potentiellen Risiken auf, daß ein infizierter Laborant selbst in den sichersten und angesehensten Forschungseinrichtungen bei der Suche nach Behandlungen und Impfstoffen die Öffentlichkeit einem Risiko aussetzt … Aufzeichnungen zeigen, daß in den fünf Jahren vor dem Beginn der Pandemie mindestens sechs Forscher der UNC nach vier Vorfällen, bei denen sie möglicherweise einer Art von im Labor erzeugten SARS-Coronaviren ausgesetzt waren, einer medizinischen Überwachung unterzogen werden mussten, wie das NIH jetzt bestätigt. Darüber hinaus mussten sich zwei weitere UNC-Forscher wegen ihrer potenziellen Exposition gegenüber einer Art von im Labor hergestellten MERS-Coronaviren einer medizinischen Überwachung unterziehen. Die Überwachung beinhaltete die zweimal tägliche Meldung von Temperaturen oder irgendwelchen Symptomen an medizinische Universitätsbeamte. In jedem Fall geht aus den Berichten hervor, daß diese Arbeiter ihr Leben weiterführen durften, während sie auf das Auftreten von Symptomen warteten."

Der Molekularbiologe und Virologe Dr. Jonathan Latham und die Molekularbiologin Dr. Allison Wilson vertreten die Ansicht, daß SARS-Cov-2 seinen Ursprung zwar von einer Fledermaus genommen haben könnte, der Mechanismus aber, durch den es auf den Menschen übersprang, nicht natürlich sei. "Latham und Wilson glauben, daß sich das Virus – einmal in den Bergarbeitern – zu SARS CoV-2 »entwickelte«, »ein ungewöhnlich pathogenes Coronavirus, das hochgradig an den Menschen angepasst ist«, und daß die Proben

---

[118] "Weitere Experten weisen darauf hin, dass SARS-CoV-2 aus einem Labor stammen könnte", https://axelkra.us/weitere-experten-weisen-darauf-hin-dass-sars-cov-2-aus-einem-labor-stammen-koennte/

[119] "Near Misses at UNC Chapel Hill's High-Security Lab Illustrate Risk of Accidents With Coronaviruses", https://www.propublica.org/article/near-misses-at-unc-chapel-hills-high-security-lab-illustrate-risk-of-accidents-with-coronaviruses/amp?__twitter_impression=true

im vergangenen Jahr irgendwie aus dem Labor entwichen sind, wodurch das, was sich zur Coronavirus-Pandemie entwickelt hat, ausgelöst wurde."[120]

Der Molekulargenetiker Dr. Michael Antoniou, der in London arbeitet, kam in seinen Forschungen zum Schluß, daß "Viren mit verbesserter Infektiosität im Labor hergestellt werden können, ohne ein zuvor verwendetes Virusrückgrat zu verwenden. Mit einer Methode, die als »gerichteter iterativer evolutionärer Selektionsprozess« bezeichnet wird, kann man »eine große Anzahl zufällig mutierter Versionen des SARS-CoV-Spike-Proteinrezeptors« erzeugen und dann diejenigen Proteinrezeptoren auswählen, die menschliche Zellen am wirksamsten infizieren können. Die Erfinder dieser Technik erhielten 2018 den Nobelpreis für Chemie. Wenn die Labortechniker im Labor in Wuhan den gerichteten iterativen evolutionären Selektionsprozess zur Entwicklung eines »Funktionsgewinns« (im Sinne eines waffenfähigen) Fledermaus-Coronavirus nutzten und das Virus anschließend austrat, einen oder mehrere Labortechniker infizierte, sich dann auf Personen ausserhalb des Labors ausbreitete, einschliesslich Personen vom Wuhan Seafood Market, gäbe es keine Spuren, daß das Virus gentechnisch verändert oder manipuliert wurde."[121]

Dr.Richard Ebright, Infektiologe an der Rutgers Universität, wies darauf hin, daß amerikanische und chinesische Wissenschaftler Fledermaus-Coronaviren gentechnisch manipuliert haben, "und zwar mit Methoden, die »keine Anzeichen oder Spuren menschlicher Manipulation hinterlassen«."[122]

Dr. Meryl Nass, eine Ärztin aus Ellsworth, Maine, USA, veröffentlichte 1992 eine Arbeit[123], in der sie behauptete, der Milzbrandausbruch in Simbabwe in den Jahren 1978-1980 sei ein Akt biologischer Kriegsführung gewesen. Am 2. April 2020 schrieb sie auf ihrem Blog: "Warum führen einige der Spitzenwissenschaftler der USA ein fadenscheiniges Argument über den natürlichen Ursprung von SARS-CoV-2 an? … Bevor gentechnische Techniken entwickelt (1973) und weit verbreitet waren (seit Ende der 1970er Jahre), wurden »primitivere« Mittel zur

---

120 "Weitere Experten weisen darauf hin, dass SARS-CoV-2 aus einem Labor stammen könnte", https://axelkra.us/weitere-experten-weisen-darauf-hin-dass-sars-cov-2-aus-einem-labor-stammen-koennte/

121 ebda.

122 ebda.

123 "Anthrax Epizootic in Zimbabwe, 1978 - 1980: Due to Deliberate Spread?", https://www.ippnw.org/pdf/mgs/psr-2-4-nass.pdf

Verursachung von Mutationen eingesetzt, mit der Absicht, biologische Waffen zu entwickeln … Sie führten zu biologischen Waffen, die getestet, gut beschrieben und in einigen Fällen eingesetzt wurden … Diese Methoden können zu biologischen Kampfstoffen führen, denen die identifizierbare Signatur eines mikrobiellen Agens fehlt, das in einem Labor aus bekannten RNA- oder DNA-Sequenzen konstruiert wurde. Tatsächlich wäre es zur Erschaffung eines waffenfähigen Virus sogar »erstrebenswert«, solche Agenzien herzustellen, da es schwierig wäre, nachzuweisen, daß sie absichtlich in einem Labor konstruiert wurden. Hier sind nur einige wenige Möglichkeiten, wie man neue, virulente Mutanten erzeugen könnte: 1. Exposition von Mikroorganismen gegenüber chemischen oder radiologischen Agenzien, die hohe Mutationsraten verursachen, und Selektion auf gewünschte Eigenschaften, 2. Passage des Virus durch eine Reihe von Labortieren oder Gewebekulturen und 3. Zusammenmischen von Viren und Suche nach Rekombinanten mit einer neuen Mischung von Virulenzfaktoren".[124]

Ein Forscherteam aus Norwegen und England, Birger Sorensen, Andre Susrud und Angus Dalgleish wiederrum stellten die Behauptung auf, das SARS-Cov-2-Virus zeige einzigartige genetische "Fingerabdrücke", die nicht durch natürliche virale Mutation entstanden sein könnten, sondern auf menschliche Zutun schließen ließen. Die Forscher schrieben: "Von nun an müssen diejenigen, die behaupten, die Covid-19-Pandemie sei durch zoonotische Übertragung entstanden, genau erklären, wie dieser Prozeß abgelaufen sein soll, bevor sie behaupten, ihre Beweise wären überzeugend – vor allem, wenn, wie wir ebenfalls zeigen, rätselhafte Fehler bei der Verwendung von Beweismaterial auftraten".[125]

Im Mai 2020 publizierten die kanadischen Forscher Shing Hei Zhan, Benjamin E. Deverman und Yuji Alina Chan vom "Department of Zoology and Biodiversity

---

[124] "Why are some of the US' top scientists making a specious argument about the natural origin of SARS-CoV-2?", https://anthraxvaccine.blogspot.com/2020/04/why-are-some-of-us-top-scientists.html

[125] "The Evidence which Suggests that This Is No Naturally Evolved Virus. A Reconstructed Historical Aetiology of the SARS-CoV-2-Spike" ["Die Beweise, die darauf hindeuten, dass dies kein natürlich entstandenes Virus ist. Eine rekonstruierte historische Ätiologie des SARS-CoV-2-Spike"], https://www.minervanett.no/files/2020/07/13/TheEvidenceNoNaturalEvol.pdf

Research Center" der Universität von British Columbia eine Studie, in der es hieß: "In einem Seite-an-Seite-Vergleich der evolutionären Dynamik zwischen dem 2019/2020 SARS-CoV-2 und dem 2003 SARS-CoV waren wir überrascht, dass SARS-CoV-2 dem SARS-CoV-2 in der Spätphase der Epidemie von 2003 ähnelt, nachdem SARS-CoV mehrere vorteilhafte Anpassungen für die Übertragung beim Menschen entwickelt hatte. Unsere Beobachtungen deuten darauf hin, dass zu dem Zeitpunkt, als SARS-CoV-2 Ende 2019 zum ersten Mal entdeckt wurde, SARS-CoV-2 bereits in einem ähnlichen Ausmaß wie die späte Epidemie SARS-CoV an die Übertragung beim Menschen vorbeugend angepasst war. Es wurden jedoch keine Vorläufer oder Entwicklungszweige eines weniger an den Menschen angepassten SARS-CoV-2-ähnlichen Virus entdeckt. Das plötzliche Auftreten eines hochinfektiösen SARS-CoV-2-Virus ist ein Hauptgrund zur Besorgnis und sollte stärkere internationale Bemühungen motivieren, die Quelle zu identifizieren und ein erneutes Auftreten in naher Zukunft zu verhindern. Alle vorhandenen Pools von SARS-CoV-2-Vorläufern wären besonders gefährlich, wenn sie ähnlich gut für die Übertragung auf den Menschen geeignet sind ... Sogar die Möglichkeit, dass sich ein nicht gentechnisch hergestellter Vorläufer während der Untersuchung in einem Labor an den Menschen angepasst haben könnte, sollte in Betracht gezogen werden, unabhängig davon, wie wahrscheinlich oder unwahrscheinlich das ist".[126]

"Verschiedene renommierte Virologen (namentlich der französische Nobelpreisträger Luc Montagnier sowie Professor Nikolai Petrovsky aus Australien, der anmerkt, dass COVID-19 auffallend perfekt auf die Infektion von Menschen zugeschnitten wurde) sagen, dass COVID-19 vom Menschen hergestellt wurde", schrieb Bill Sardi in einem auf der Webseite des amerikanischen Libertären Lew Rockwell erschienenen Artikel vom 15. September 2020.[127]

---

[126] "SARS-CoV-2 is well adapted for humans. What does this mean for re-emergence?" ["SARS-CoV-2 ist gut an den Menschen angepasst. Was bedeutet das für ein Wiederauftauchen?"], https://www.biorxiv.org/content/10.1101/2020.05.01.073262v1.full.pdf

[127] "Dead Lives Matter. Hört auf, es eine globale Pandemie zu nennen. Es ist ein internationales Verbrechen", https://axelkra.us/dead-lives-matter-lewrockwell/

Was den französischen Nobelpreisträger für Biologie und Virologen Luc Montagnier betrifft, so sagte dieser in einem Interview mit dem französischen TV-Sender "C-News":

Reporter: "Was mich heute Morgen interessiert, ist, daß Sie momentan an dem Virus arbeiten ..."

Montagnier: "Ich arbeite, aber nicht unbedingt im Labor. Wir arbeiten auf einem Computer mit einem Kollegen, und das war's. Wir haben keine Erfahrung, könnte man sagen, aber die Erfahrung kommt aus der Krankheit selbst, aus den Messungen, die momentan in den Laboren an den Patienten gemacht werden."

"Reporter: »Und Sie sind zu gewissen Schlüssen gekommen?«

Montagnier: »Wir sind zum Schluß gekommen, daß es in der Tat Manipulationen an diesem Virus gab.«

Reporter: »Heißt?«

Montagnier: »Also, es gibt einen Teil - ich sage nicht, die Gesamtheit - aber es gibt das Modell, natürlich, des klassischen Virus. In diesem Fall handelt es sich um ein Modell aus Fledermäusen, man hat es aber mit Sequenzen zu tun, die aus dem HIV-Virus angereichert wurden, dem AIDS-Virus.«

Reporter: »Wenn Sie aber sagen, 'man' - wer war das?«

Montagnier: »Also ich weiß es nicht.«

Reporter: »Also ist es nicht natürlich, meinen Sie?«

Montagnier: »Nein, es ist nicht natürlich. Es ist die Arbeit von Profis gewesen, die Arbeit von Spezialisten der molekularen Biologie. Eine äußerst gründliche Arbeit, die eines Uhrmachers sozusagen.«

Reporter: »Aber zu welchem Zweck?«

Montagnier: »Zu welchem Zweck? Da ist es nicht klar. Ich decke nicht auf, meine Arbeit ist es, Fakten zu präsentieren, das ist alles. Ich beschuldige niemanden. Ich weiß nicht, wer das gemacht hat, oder warum. Es ist möglich, daß sie vor hatten - wobei ich nicht weiß, wer 'sie' sind - eine Impfung gegen AIDS herzustellen. Man hat also kleine Sequenzen aus dem Virus genommen und diese in die größere Sequenz des Coronavirus eingegliedert.«

Reporter: »Also ich bin nicht sicher, daß ich verstanden habe, was Sie sagen. Also, in diesem Virus sind HIV-Anteile?«

Montagnier: »Genauso ist es. Das genetische Material des Virus ist ein langes RNS-Band, nicht wahr. Ähnlich wie DNS, aber hier handelt es sich um RNS. Und in diesem langen Band gibt es einen gewissen Platz, an dem man kleine HIV-Sequenzen fixiert hat. Aber diese Sequenzen sind nicht klein genug, um bedeutungslos zu sein. Sie haben zum Beispiel die Möglichkeit, sogenannte Antigen-Stellen zu modifizieren. Soll heißen, wenn man einen Impfstoff entwickeln will, kann man sehr gut das Protein, das für den Impfstoff hervorgehoben wird, verändern - durch eine kurze Sequenz, die aus einem anderen Virus stammt.«

Zweiter Reporter: »Aber sind Sie sicher? Weil gesagt wurde, daß die Behauptung, das Virus sei im Endeffekt vom Menschen erschaffen worden, von den meisten wissenschaftlichen Behörden wiederlegt wurde, oder nicht?«

Montagnier: »Es existiert ein Willen, das Ganze im Keim ersticken zu wollen, sozusagen. Wir sind mit unseren Arbeiten nicht die ersten. Eine Gruppe von sehr renommierten indischen Forschern hat dasselbe Ergebnis publiziert. Sie wurden gezwungen, ihre Ergebnisse zurückzuziehen.«

Zweiter Reporter: »Wie hat man sie gezwungen?«

Montagnier: »Soll heißen, man hat sie quasi geweihräuchert. Wenn Sie sich das anschauen, werden Sie sehen, daß jetzt 'annulliert' draufsteht, weil ...«

Zweiter Reporter: »Aber die meisten Wissenschaftler sagen das genaue Gegenteil von dem, was Sie hier sagen, oder nicht?«

Montagnier: »Immer weniger. Das alles passierte Anfang dieses Jahres, und man sieht immer mehr Arbeiten, die das nahelegen. Ich bin sehr alt, ich bin Nobelpreisträger und ich kann frei arbeiten. Sagen wir, es gibt niemanden, der Druck auf mich ausüben kann.«"[128]

---

128 "Luc Montagnier, prix Nobel controversé, accuse des biologistes d'avoir créé le coronavirus" ["Der umstrittene Nobelpreisträger Luc Montagnier beschuldigt Biologen, das Coronavirus geschaffen zu haben"], https://www.youtube.com/watch?v=Vx91DZTjNTI

Allerdings ist auch Luc Montagnier nicht ganz unumstritten, vor allem wegen seiner Forschungsergebnisse zum AIDS-„Virus“. Dies können Sie im bereits erwähnten Buch „Virus-Wahn“ von Torsten Engelbrecht detaillierter nachlesen.

Eine vierköpfige Wissenschaftlergruppe, die aus Dr. Li-Meng Yan, Dr. Shu Kang, Dr. Jie Guan (PhD) und Dr. Shanchang Hu bestand, veröffentlichte vor ca. drei Monaten eine etwas über 30seitige Studie mit dem vollmundigen Titel: "SARS-CoV-2 ist eine uneingeschränkt einsetzbare Biowaffe: Eine Wahrheit, die durch die Aufdeckung eines groß angelegten, organisierten Wissenschaftsbetrugs bewiesen wird".[129] Ich hatte die gesamte Arbeit für meine Webseite ins Deutsche übersetzt, Sie können sie dort online lesen oder als pdf herunterladen.[130] Durch eine genaue Überprüfung des Virus, schreiben die Wissenschaftler, seien sie zum Schluß gekommen, daß SARS-CoV-2 keinen natürlichen Ursprung gehabt haben könne und finden angesichts ihrer behaupteten Ergebnisse harte Worte:

"Für den Ursprung von SARS-CoV-2 sollten zwei Möglichkeiten in Betracht gezogen werden: natürliche Evolution oder Entstehung im Labor. In unserem früheren Bericht mit dem Titel »Ungewöhnliche Merkmale des SARS-CoV-2-Genoms, die auf eine ausgeklügelte Labormodifikation hindeuten, die eher als natürliche Evolution und Abgrenzung ihres wahrscheinlichen synthetischen Weges anzusehen ist«, haben wir die Möglichkeit widerlegt, dass SARS-CoV-2 auf natürliche Weise durch Evolution entstanden sein könnte, und stattdessen bewiesen, dass SARS-CoV-2 ein Produkt von Labormodifikationen gewesen sein muss. Trotz dieser und ähnlicher Bemühungen wird die Theorie der Entstehung im Labor nach wie vor heruntergespielt oder sogar abgeschwächt. Dies liegt im Wesentlichen daran, daß die Theorie des natürlichen Ursprungs nach wie vor von mehreren neuartigen Coronaviren gestützt wird, die nach Beginn des Ausbruchs veröffentlicht wurden. Diese Viren (das Fledermaus-Coronavirus RaTG13, eine Reihe von Schuppenfledermaus-Coronaviren und das Fledermaus-Coronavirus RmYN02) teilen Berichten zufolge eine hohe Sequenzhomologie mit SARSCoV-2 und haben insgesamt einen scheinbar plausiblen Pfad für die natürliche Entwicklung von SARSCoV-2 konstruiert. Hier verwenden wir jedoch eingehende Analysen der verfügbaren Daten und der Literatur, um zu beweisen,

---

129 "SARS-CoV-2 Is an Unrestricted Bioweapon: A Truth Revealed through Uncovering a Large-Scale, Organized Scientific Fraud", https://axelkra.us/wp-content/uploads/2020/10/The-2nd-Yan-Report.pdf

130 https://axelkra.us/wp-content/uploads/2020/10/SARS-CoV-2-ist-eine-uneingeschraenkt-einsetzbare-Biowaffe.pdf

daß diese neuartigen tierischen Coronaviren in der Natur nicht existieren und ihre Sequenzen fabriziert worden sind. Darüber hinaus bieten wir auch unsere Erkenntnisse zu der Hypothese an, daß SARS-CoV-2 auf natürliche Weise von einem Coronavirus abstammen könnte, das die Bergleute in Mojiang infiziert hat. [...] Das Ausmaß und der koordinierte Charakter dieses wissenschaftlichen Betrugs kennzeichnen den Grad der Korruption in den Bereichen akademische Forschung und öffentliche Gesundheit. Als Folge dieser Korruption wurde sowohl dem Ruf der wissenschaftlichen Gemeinschaft als auch dem Wohlergehen der Weltgemeinschaft Schaden zugefügt"[131], und nach einer detaillierten Auflistung ihrer Analyse-Ergebnisse auf den nachfolgenden Seiten finden sie zu folgenden Schlußworten:

"Ebenfalls zur Rechenschaft gezogen werden müssen die Einzelpersonen und Gruppen innerhalb bestimmter Organisationen und Institutionen im Bereich der öffentlichen Gesundheit und der akademischen Forschung, die wissentlich und in Zusammenarbeit die Fehlinformationskampagne der KP Chinas unterstützt und die Welt in die Irre geführt haben. Am 18. und 19. Januar 2020 enthüllte Dr. Li-Meng Yan, damals noch anonym, erstmals, dass SARS-CoV-2 aus dem Labor stammt. Unmittelbar danach, am 20. Januar, reichte Dr. Shengli Shi ihr Manuskript bei »Nature« ein und meldete das erste fabrizierte Virus, RaTG134. Seitdem haben viele Virusfabrikationen stattgefunden, und alle wurden als Peer-Review-Artikel in führenden wissenschaftlichen Zeitschriften veröffentlicht. [...] Im Gegensatz zur rigorosen Förderung der Theorie des natürlichen Ursprungs haben diese und andere Zeitschriften Manuskripte, die einen möglichen Laborursprung von SARS-CoV-2 diskutieren, einer strengen Zensur unterworfen. Unser früherer Bericht, der eines dieser Manuskripte war und als Preprint-Artikel veröffentlicht wurde, sah sich ebenfalls mit unbegründeter Kritik konfrontiert, die als unvoreingenommene Peer-Reviews von zwei Gruppen von Wissenschaftlern unter der Leitung von Dr. Robert Gallo bzw. Nancy Connell getarnt war [...] Als Ergebnis dieser gemeinsamen Bemühungen ist die Öffentlichkeit weitgehend von der Wahrheit über COVID-19 und SARS-CoV-2 abgehalten worden, was zu Fehleinschätzungen, verzögerten Aktionen und größerem Leid der Weltgemeinschaft geführt hat. Es ist unerlässlich, die Wissenschaftler, Labors, Institutionen und relevanten Mitarbeiter zu untersuchen, die für die Schaffung von SARS-CoV-2 und für die Herstellung/Deckung verantwortlich sind. Es ist ebenfalls unerlässlich, die relevanten Personen in der

[131] a.a.O.

WHO, in den einschlägigen wissenschaftlichen Zeitschriften, in den einschlägigen Finanzierungseinrichtungen und in anderen relevanten Gremien zu untersuchen, die die Entstehung von SARSCoV-2 und die wissenschaftliche Vertuschung seines wahren Ursprungs erleichtert haben, während sie sich der Art dieser Vorgänge voll bewusst sind."[132]

Die in obigem Auszug angesprochene Korruption in der Welt der Wissenschaft ist kein frei erfundener Vorwurf. Kamran Abbas, Herausgeber des renommierten und traditionsreichen "British Medical Journal", erhob in einem am 13. November 2020 auf der Webseite der Zeitschrift veröffentlichten Artikel schwere Anschuldigungen gegen den Wissenschaftsbetrieb. Der Artikel trug den Titel "Covid-19: politicisation, »corruption« and suppression of science".[133] Darin schrieb er:

"**Politiker und Regierungen unterdrücken die Wissenschaft.** Sie tun dies im öffentlichen Interesse, sagen sie, um die Verfügbarkeit von Diagnosen und Behandlungen zu beschleunigen. Sie tun dies, um Innovationen zu unterstützen, um Produkte mit beispielloser Geschwindigkeit auf den Markt zu bringen. Beide Gründe sind teilweise plausibel; die grössten Täuschungen sind in einem Körnchen Wahrheit begründet. Aber das zugrunde liegende Verhalten ist beunruhigend. Die Wissenschaft wird aus politischen und finanziellen Gründen unterdrückt. Covid-19 hat staatliche Korruption im großen Stil entfesselt, und sie ist schädlich für die öffentliche Gesundheit. Politik und Wirtschaft sind für diese opportunistische Veruntreuung verantwortlich. Auch Wissenschaftler und Gesundheitsexperten sind dafür verantwortlich. Die Pandemie hat gezeigt, wie der medizinisch-politische Komplex im Notfall manipuliert werden kann – in einer Zeit, in der es noch wichtiger ist, die Wissenschaft zu schützen.

Die Reaktion Großbritanniens auf die Pandemie liefert mindestens vier Beispiele für die Unterdrückung der Wissenschaft oder von Wissenschaftlern. [...] Tatsächlich wurde die Regierung vor kurzem auch angewiesen, nach einem Urteil des Büros des Informationskommissars 2016 einen Bericht über Mängel bei der Pandemievorsorge, Operation Cygnus, zu veröffentlichen. [...] **Die Autoren des englischen Gesundheitsministeriums wurden angewiesen, nicht mit den Medien zu sprechen. Drittens beklagte sich der Herausgeber des »Lancet« am 15. Oktober darüber, daß ein Autor einer Forschungsarbeit, ein**

[132] a.a.O.

[133] https://www.bmj.com/content/371/bmj.m4425

Wissenschaftler der britischen Regierung, von dieser daran gehindert wurde, mit den Medien zu sprechen, und zwar aufgrund einer »schwierigen politischen Landschaft«. Ein neues Beispiel betrifft nun die Kontroverse um die Point-of-Care-Antikörpertests für Covid-19. Die »Operation Moonshot« des Premierministers hängt von der sofortigen und breiten Verfügbarkeit präziser Schnelldiagnosetests ab. Sie hängt auch von der fragwürdigen Logik des Massenscreening ab, das derzeit in Liverpool mit einem suboptimalen PCR-Test erprobt wird.

Der Vorfall steht im Zusammenhang mit Forschungsergebnissen, die diese Woche vom BMJ veröffentlicht wurden. **Das BMJ stellt fest, daß die Regierung einen Antikörpertest beschafft hat, der bei Tests in der realen Welt weit hinter den Leistungsangaben der Hersteller zurückbleibt.** Forscher des englischen Gesundheitswesens und kooperierender Institutionen drängten vernünftigerweise darauf, ihre Studienergebnisse zu veröffentlichen, bevor sich die Regierung zum Kauf einer Million dieser Tests verpflichtete, was aber vom Gesundheitsministerium und dem Büro des Premierministers blockiert wurde. **Warum war es so wichtig, dieses Produkt ohne angemessene Prüfung zu beschaffen?** Die vorherige Veröffentlichung von Forschungsergebnissen auf einem Preprint-Server oder auf einer Website der Regierung ist mit der Veröffentlichungspolitik des BMJ vereinbar. Als sei es darum gegangen, eine bestimmte Position hervorzuheben, blieb der Versuch von »Public Health England« daraufhin erfolglos, die Pressemitteilung des BMJ über das Forschungspapier zu blockieren.

Politiker behaupten oft, der Wissenschaft zu folgen, aber das ist eine irreführende und zu starke Vereinfachung. Wissenschaft ist selten absolut. Sie gilt selten für jedes Umfeld oder jede Bevölkerung. Es macht keinen Sinn, der Wissenschaft oder den Beweisen sklavisch zu folgen. Ein besserer Ansatz besteht darin, daß Politiker – die öffentlich ernannten Entscheidungsträger – von der Wissenschaft informiert und geleitet werden, wenn sie politische Entscheidungen für die Öffentlichkeit fällen. Aber selbst dieser Ansatz bewahrt das Vertrauen der Öffentlichkeit und der Fachleute nur dann, wenn die Wissenschaft für eine Überprüfung zur Verfügung steht und frei von politischer Einflussnahme ist, und wenn das System transparent ist und nicht durch Interessenkonflikte beeinträchtigt wird. Die Unterdrückung von Wissenschaft und Wissenschaftlern ist weder neu noch ein eigentümliches britisches Phänomen. [...] Die Reaktion Großbritanniens auf die Pandemie stützt sich zu sehr auf Wissenschaftler und andere **von der Regierung ernannte Personen mit beunruhigenden Interessenskonflikten, einschließlich Beteiligungen an Unternehmen, die diagnostische Tests, Behandlungen und Impfstoffe für Covid-19 herstellen.** Regierungsvertreter können die Wissenschaft – eine andere Form des Missbrauchs – ignorieren oder sich die Rosinen herauspicken und sich wettbewerbswidrigen Praktiken hingeben, die ihre eigenen Produkte und die von Freunden und Kollegen begünstigen.

[...]

Regierungen und Industrie müssen auch aufhören, kritische Wissenschaftspolitik per Pressemitteilung zu verkünden. Solche schlecht durchdachten Maßnahmen machen die Wissenschaft, die Medien und die Aktienmärkte anfällig für Manipulationen. Eine klare, offene und im Voraus veröffentlichte wissenschaftliche Grundlage für Politik, Anschaffungen und »Wundermittel« ist eine grundlegende Voraussetzung. Für Politiker, wissenschaftliche Berater und Regierungsbeamte steht viel auf dem Spiel. Ihre Karrieren und Bankguthaben können von den Entscheidungen abhängen, die sie treffen. Aber sie haben eine höhere Verantwortung und Pflicht gegenüber der Öffentlichkeit. Wissenschaft ist ein öffentliches Gut. Man muss ihr nicht blind folgen, aber man muss sie fair berücksichtigen. **Wichtig ist, daß die Unterdrückung der Wissenschaft, sei es durch die Verzögerung von Veröffentlichungen, durch das Herauspicken günstiger Forschungsergebnisse oder durch das Knebeln von Wissenschaftlern, eine Gefahr für die öffentliche Gesundheit darstellt**, die zu Todesfällen führt, indem sie Menschen unsicheren oder unwirksamen Interventionen aussetzt und sie daran hindert, von besseren zu profitieren. Wenn sie in kommerzielle Entscheidungen verstrickt sind, handelt es sich auch um die schlechte Verwaltung von Steuergeldern.

Die Politisierung der Wissenschaft wurde von einigen der schlimmsten Autokraten und Diktatoren der Geschichte enthusiastisch betrieben und ist heute in Demokratien bedauerlicherweise alltäglich. Der medizinisch-politische Komplex tendiert zur Unterdrückung der Wissenschaft, um Machthabern zu mehr Ansehen zu verhelfen und sich zu bereichern. Und während die Mächtigen immer erfolgreicher und reicher werden und sich weiter an der Macht berauschen, werden die unbequemen Wahrheiten der Wissenschaft unterdrückt. Wenn gute Wissenschaft unterdrückt wird, sterben Menschen."[134]

Schon viele Jahre vor der "Corona-Krise" gab es Warnungen vor der Funktionsgewinn-Forschung und möglichen Ausbrüchen virulenter Erreger aus Biolaboratorien. In einem Artikel des "New York Magazine" vom 4. Januar 2021 schrieb Nicholson Baker zur Gain-of-Function-Forschung:

"Nehmen Sie zum Beispiel diese Arbeit aus dem Jahr 1995: »High Recombination and Mutation Rates in Mouse Hepatitis Viruses Suggest That Coronaviruses May Be Potentially Important Emerging Viruses«, geschrieben von Dr. Ralph Baric und seinem wissenschaftlichen Mitarbeiter Boyd Yount an der University of North Carolina. Baric beschrieb in dieser frühen Arbeit, wie sein Labor in der Lage war, ein Coronavirus, MHV, das Hepatitis bei Mäusen verursacht, zu trainieren, die Spezies zu überspringen, sodaß es zuverlässig BHK-Zellkulturen (Baby-Hamster-Niere) infizieren konnte. Sie taten dies durch Serial Passaging: Sie verabreichten wiederholt eine gemischte Lösung aus Maus- und Hamsterzellen mit einem Maus-Hepatitis-Virus, wobei sie jedes Mal die Anzahl der Mauszellen verringerten und die Konzentration der Hamsterzellen steigerten. Zunächst konnte das Maus-Hepatitis-Virus vorhersehbarerweise nicht viel mit den Hamsterzellen anstellen, die fast frei von Infektionen in ihrer Welt aus fötalem Rinderserum schwammen. Doch am Ende des Experiments, nach Dutzenden von Durchläufen durch die Zellkulturen, war das Virus mutiert: Es hatte den Trick gemeistert, ein fremdes Nagetier zu parasitieren. Aus einer Geißel der Mäuse wurde eine Geißel der Hamster ...

Ein paar Jahre später, in einer weiteren Runde von »Interspezies-Transfer«-Experimenten, brachten Barics Wissenschaftler ihr Maus-Coronavirus in Kolben ein, die eine Suspension von Zellen des Afrikanischen Grünen Affen, menschlichen Zellen und Schweine-Hoden-Zellen enthielten. Im Jahr 2002 verkündeten sie dann etwas noch Beeindruckenderes: Sie hatten einen Weg gefunden, einen infektiösen Klon des gesamten Maus-Hepatitis-Genoms in voller Länge zu erzeugen. Ihr »infektiöses Konstrukt« replizierte sich genau wie die

---

[134] "Herausgeber des British Medical Journal behauptet, der „medizinisch-politische Komplex“ sei korrupt & unterdrücke Wissenschaft", https://axelkra.us/herausgeber-des-british-medical-journal-behauptet-der-medizinisch-politische-komplex-sei-korrupt-unterdruecke-wissenschaft-collective-evolution/, Hervorhebungen durch mich.

echte Sache, schrieben sie. Und nicht nur das, sie hatten auch herausgefunden, wie sie den Zusammenbau nahtlos und ohne jegliche Anzeichen menschlicher Handarbeit durchführen konnten. Niemand würde wissen, ob das Virus in einem Labor hergestellt wurde oder in der Natur gewachsen ist. Baric nannte dies die »No-See'm-Methode«, und er behauptete, daß sie »breite und weitgehend unbeachtete molekularbiologische Anwendungen« habe."[135]

Dazu lieferte Dr. Mercola noch eine überaus interessante Information: "Im Jahr 2006 erhielten Baric und Yount ein Patent für diese »No-see'm-Methode« zum Klonen des tödlichen menschlichen SARS-Virus, das vier Jahre zuvor für den SARS-Ausbruch verantwortlich gewesen war. Interessanterweise begann Baric 2015 mit einem anderen Coronavirus-Experten zusammenzuarbeiten – einer Wissenschaftlerin namens Shi Zhengli am Wuhan Institute of Virology."[136]

Dr. Jean-Claude Perez, pensionierter interdisziplinärer Forscher des "IBM European Research Center on Artificial Intelligence", behauptet in seiner PrePrint-Publikation "Wuhan nCoV-2019-SARS Coronaviruses Genomics Fractal Metastructures Evolution and Origins"[137], den "formalen Beweis" erbracht zu haben, daß das 2019-nCoV-Coronavirus "teilweise ein synthetisches Genom ist."

"Noch beunruhigender ist", so Dr. Mercola, "daß es Hinweise darauf gibt, daß diese Forschung im Laufe der Jahre eine Reihe von tödlichen Ausbrüchen verursacht hat. Viele glauben, daß es nur eine Frage der Zeit ist, bis Wissenschaftler etwas wirklich Schreckliches aushecken – etwas, das in der Natur nie entstanden wäre – und das Überleben der Menschheit bedrohen könnte, wenn es herauskäme. Wie im Artikel von Baker erwähnt: »Die absichtliche Schaffung neuer Mikroben, die Virulenz mit erhöhter Übertragbarkeit kombinieren, 'stellt außergewöhnliche Risiken für die Öffentlichkeit dar', schrieben Marc Lipsitch

---

[135] "The Lab-Leak Hypothesis For decades, scientists have been hot-wiring viruses in hopes of preventing a pandemic, not causing one. But what if …?", Übersetzung aus dem Englischen durch mich.

[136] "Die Suche nach dem Ursprung von SARS-CoV-2 muss weitergehen", https://axelkra.us/die-suche-nach-dem-ursprung-von-sars-cov-2-muss-weitergehen/

[137] https://www.researchgate.net/publication/339331507_Wuhan_nCoV-2019_SARS_Coronaviruses_Genomics_Fractal_Metastructures_Evolution_and_Origins

und Thomas Inglesby, Experten für Infektionskrankheiten, im Jahre 2014. Ein strenger und transparenter Prozess der Risikobewertung für diese Arbeit ist noch nicht etabliert worden. Das ist auch heute noch so. Im Jahr 2012 warnte Lynn Klotz im 'Bulletin of the Atomic Scientists', daß es eine 80-prozentige Chance gäbe, daß ein potenzieller Pandemie-Erreger irgendwann in den nächsten 12 Jahren austreten würde, wenn man bedenkt, wie viele Labore damals mit virulenten Varianten hantierten«."[138]

An diesem Punkt komme ich auf die "EcoHealth Alliance" zurück und einen gewissen Peter Daszak. Wie auch in der Mainstream-Presse bereits vermeldet wurde, soll u.a. die WHO nun den Ursprung von SARS-CoV-2 untersuchen.

"In einem Artikel der »Independent Science News« vom 16. Dezember 20201 enthüllt der Journalist Sam Husseini neue Beweise, die die **»EcoHealth Alliance«** mit dem US-Verteidigungsministerium (DOD) in Verbindung bringen – Verbindungen, die der Analyse des zugrundeliegenden Zwecks der Forschungsaktivitäten der Gruppe zu Coronaviren und möglicherweise dem Ursprung der COVID-19-Pandemie selbst eine neue Dimension verleihen. [...] Als SARS-CoV-2 zum ersten Mal in Wuhan, China, auftauchte, **stellte die »EcoHealth Alliance« dem »Wuhan Institute of Virology« (WIV) finanzielle Mittel zur Verfügung, um neue Fledermaus-Coronaviren zu sammeln und zu untersuchen.** Der Präsident der »EcoHealth Alliance«, **Peter Daszak**, wurde von den Mainstream-Medien als erster Experte ausgewählt, um den Ursprung der Pandemie zu erklären. **Daszak ist auch eng in die beiden großen internationalen Komitees involviert**, die mit der Untersuchung des Ursprungs des Virus beauftragt sind. **Er ist sowohl Mitglied des Komitees der Weltgesundheitsorganisation** als auch Leiter der COVID-19-Kommission von »The Lancet«, obwohl er offen und wiederholt die Möglichkeit zurückgewiesen hat, daß die Pandemie das Ergebnis eines Laborlecks sein könnte".[139]

---

[138] "Die Suche nach dem Ursprung von SARS-CoV-2 muss weitergehen", https://axelkra.us/die-suche-nach-dem-ursprung-von-sars-cov-2-muss-weitergehen/

[139] "Pentagon finanzierte Vertuschung von SARS-CoV-2-Ursprung durch Non-Profit-Organisation", https://axelkra.us/pentagon-finanzierte-vertuschung-von-sars-cov-2-ursprung-durch-non-profit-organisation/, Hervorhebungen durch mich.

Wem das noch nicht interessant genug ist, kein Problem, ich lege gerne nach:

"In einem Artikel vom 18. November 2020 berichtet USRTK [die amerikanische Organisation "U.S. Right to Know", meine Anmerkung], daß erhaltene E-Mails beweisen, daß Mitarbeiter der »EcoHealth Alliance« hinter dem Komplott steckten, den möglichen Laborursprung von SARS-CoV-2 zu verschleiern, indem sie eine wissenschaftliche Erklärung herausgaben, die solche Untersuchungen als »Verschwörungstheorie« verurteilte: »E-Mails, die U.S. Right to Know erhalten hat, zeigen, dass eine Erklärung in 'The Lancet', die von 27 prominenten Wissenschaftlern des öffentlichen Gesundheitswesens verfasst wurde und in der 'Verschwörungstheorien verurteilt werden, die nahelegen, daß COVID-19 keinen natürlichen Ursprung haben könnte', von Mitarbeitern der 'EcoHealth Alliance' organisiert wurde, einer gemeinnützigen Gruppe, die Millionen an US-Steuergeldern erhielt, um Coronaviren zusammen mit Wissenschaftlern des 'Wuhan Institute of Virology' genetisch zu manipulieren. Die E-Mails, die auf Anfrage der Öffentlichkeit zugänglich gemacht wurden, zeigen, ***daß der Präsident der 'EcoHealth Alliance', Peter Daszak***, das 'Lancet'-Statement verfasst hat und daß er beabsichtigte, ***daß es 'nicht als von einer bestimmten Organisation oder Person stammend identifiziert werden kann'***, sondern ***als 'einfaches Schreiben von führenden Wissenschaftlern' angesehen werden sollte.*** nDaszak schrieb, er wolle 'den Anschein einer politischen Erklärung vermeiden'. Der Brief der Wissenschaftler erschien am 18. Februar in 'The Lancet', nur eine Woche, nachdem die Weltgesundheitsorganisation bekannt gegeben hatte, daß die durch das neuartige Coronavirus verursachte Krankheit den Namen COVID-19 tragen würde".[140]

Vielleicht werden Sie mich jetzt fragen wollen, warum ich Herrn Daszak soviel Gewicht beimesse. Worauf will der Autor denn nun hinaus? Nun, darauf:

"Naturzerstörung macht Seuchen wahrscheinlicher. Der Zoologe Peter Daszak hält die Gefahr für beherrschbar – ***sofern ein globales Umdenken stattfindet***"[141], hieß es in einem Artikel der "taz" vom 7. Januar 2021.

---

140 https://axelkra.us/die-groesste-verschwoerung-hinter-covid-19-jetzt-bewiesen/, Hervorhebungen durch mich.

141 "Weitere Pandemien lauern schon", https://taz.de/Forscher-ueber-Corona-Ursprung/!5740763/, Hervorhebung durch mich.

Ich weiß nicht, wie es Lesern angesichts solcher Informationen geht, aber ich finde sowas bemerkenswert. Eine Organisation namens "U.S. Right to Know" reichte also Klage gegen die NIH (National Institutes of Health) ein, um im Rahmen des "Freedom of Information Act" bestimmte Informationen zu erhalten. Und fand dabei heraus, daß Peter Daszak aus irgendeinem Grund nicht die Möglichkeit akzeptieren will, ja sich sogar vehement gegen sämtliche Vermutungen bzw. "Verschwörungstheorien" wehrt, SARS-CoV-2 könne einem Labor entfleucht sein. Derselbe Herr verfaßte ein Statement und achtete dabei darauf, daß es so aussieht, als könne es "nicht als von einer bestimmten Organisation oder Person" stammend identifiziert werden. Eine von ihm geführte Organisation namens "EcoHealth Alliance" wurde mit dem "Wuhan Institute of Virology" in Verbindung gebracht. Und nun behauptet eben dieser Herr, die "Corona-Pandemie" sei angeblich eine Folge der menschlichen Naturzerstörung und, was noch viel wichtiger ist - Sie werden sich gewiß schon denken können, worauf ich hinauswill - es drohten in Zukunft weitere Pandemien, sofern kein ***"globales Umdenken"*** stattfindet. Das ist im streng "kriminalistischen" Sinne noch kein hieb- und stichfester Beweis, schon richtig - ich finde es aber recht ominös, wenn so jemand in seiner Argumentation ein "globales Umdenken" fordert, also genau das, was auch die anderen bekannten Protagonisten des "Great Reset" fordern - und vor allem, was sie alles, samt und sonders, einzig dieser "Covid-19-Pandemie" als Ursache zuschreiben.

"Derzeit sind zwei solcher Untersuchungen im Gange – eine von der Weltgesundheitsorganisation und eine andere von der COVID-19-Kommission von »The Lancet« – aber beide sind schwer von Interessenskonflikten betroffen. Der Präsident der »EcoHealth Alliance«, Peter Daszak, ist Teil dieser beiden Untersuchungen, obwohl er im Epizentrum der ganzen Affäre steht. Wie in einem Artikel der »Independent Science News« vom 16. Dezember 2020 aus der Feder des Journalisten Sam Husseini vermerkt: Als SARS-CoV-2 erstmals in Wuhan, China, auftauchte, finanzierte die »EcoHealth Alliance« das »Wuhan Institute of Virology«, um neuartige Fledermaus-Coronaviren zu sammeln und zu untersuchen. ***Daszak war der primäre Experte***, der von den Mainstream-Medien ausgewählt wurde, um den Ursprung der Pandemie zu erklären. Daszak hat offen und wiederholt die Möglichkeit zurückgewiesen, daß die Pandemie das Ergebnis eines Laborlecks sein könnte. Daszak hat allen Grund, dafür zu sorgen, daß der Ursprung von SARS-CoV-2 am Ende als natürlich erklärt wird. Es wäre naiv zu glauben, daß die Sicherung der Fortsetzung der gefährlichen Gain-of-

Function-Forschung nicht ein mächtiger Motivator wäre, um das Narrativ des zoonotischen Ursprungs zu bewahren."[142]

Der Vollständigkeit halber bzw. zur Ergänzung der Diskusssion um das SARS-CoV-2-Virus möchte ich außerdem Informationen in dieses Buch aufnehmen, die sicherlich nicht unumstritten sein dürften. Wie viele Leser gewiß schon mitbekommen haben, vertreten manche die Ansicht, Viren existierten überhaupt nicht - sie seien eine Erfindung mächtiger Kreise, um daraus Profit zu schlagen. Aus eigenen Recherche-Erfahrungen kann ich bislang nur bestätigen, daß z.B. die allseits bekannte Rockefeller-Dynastie im 20. Jahrhundert, vor allem in der ersten Hälfte, tatsächlich unverhältnismäßig großen Einfluß auf die Pharmaindustrie und die medizinische Forschung und Lehre nahm, beispielsweise durch ihren "Einkauf" in die "American Medical Association", das "American School Board" oder die "American Economic Association". Der Historiker Antony C. Sutton hat einige dieser Verbindungen in seinem Buch "America's Secret Establishment - An Introduction to the Order of Skull and Bones" offengelegt, das ich unter dem Titel "Amerikas geheimes Establishment - Eine Einführung in den Skull & Bones-Orden" auf Deutsch herausgebracht habe.[143] Auch andere Autoren haben dieses Thema bereits "abgegrast". Vereinfacht ausgedrückt ging es den Rockefellers darum, möglichst großen Einfluß auf die Lehrinhalte an Schulen und Universitäten zu nehmen, und das nicht nur im Bereich der medizinischen Forschung, sondern auch der wirtschaftswissenschaftlichen, um alternative Modelle zu dem von ihnen beherrschten - z.B. dem Fiatgeldsystem der von ihnen mitgegründeten "Federal Reserve Bank"[144] - zu unterdrücken. Da dieser äußerst umfangreiche Themenkomplex - wie ich bereits im Vorwort erläutert habe - nicht Teil dieses Buches ist, bitte ich für die sehr abrißhafte Darstellung um Entschuldigung.

---

[142] https://axelkra.us/die-groesste-verschwoerung-hinter-covid-19-jetzt-bewiesen/,

[143] Band 1: https://www.bod.de/buchshop/amerikas-geheimes-establishment-antony-c-sutton-9783749428953. Ich hatte mich dazu entschieden, das etwas über 300seitige Werk Suttons in drei schmaleren Bänden herauszugeben. Auch die anderen beiden Bände finden Sie im BoD-Buchshop sowie auf anderen Portalen, es kann außerdem als Druckausgabe bestellt werden.

[144] "Die Federal Reserve-Verschwörung", übersetzt und herausgegeben von Axel B.C. Krauss, https://www.bod.de/buchshop/die-federal-reserve-verschwoerung-antony-c-sutton-9783750430723

Und möchte die Gelegenheit für einen Einschub nutzen: Es ist mir vollauf bewußt, daß sich zur Thematik "Neue Weltordnung" ("Neues Normal", "Großer Reset" usw.) natürlich noch viel mehr sagen ließe. Manche Leser werden vielleicht bemängeln, daß ich im vorliegenden Buch z.B. nicht auf die zweifellos wichtige Rolle von Logen, vor allem der Hochgrad-Freimaurerei, in dieser "Corona-Krise" eingehe oder andere wichtige Schichten dieser weltgeschichtlichen "Zwiebel" nicht abschäle, darunter auch die Rolle des Vatikans, der sich in Sachen Covid-19 ebenfalls schon zu Wort meldete - und zwar im erwartbaren, sprich NWO-globalistischen Sinne.[145] Hätte ich das getan, hätte ich nicht nur ein tausendseitiges Buch-, sondern mehrere tausendseitige Bände schreiben müssen und bitte deshalb um Verständnis, wenn ich mich hier nur auf Covid-19, die daraus folgenden politischen Maßnahmen und den sogenannten "Great Reset" bzw. "Großen Umbruch" konzentriere. Auch das weit gespannte institutionelle Netzwerk aus Diskussionsforen, "Think Tanks", also Denkfabriken und anderen Organisationen, über die die herrschenden Eliten Einfluß auf die Politik und die "Öffentliche Meinung" ausüben, ja diese sogar bis zu einem gewissen Grad zu formen imstande sind, oder wie man heute auf Neudeutsch sagen würde: zu "nudgen" und zu "framen", ist mir bestens bekannt. Über die wichtigsten Namen dürften zumindest einige Leser selber schon gestolpert sein: Bilderberger, CFR (Council on Foreign Relations), Trilaterale Kommission, Club of Rome, Aspen-Institut, RIIA (Royal Institute of International Affairs), das Tavistok Institute on Human Relations, das im vorliegen Buch erwähnte World Economic Forum, das ebenfalls zu diesem Verbund zu zählen ist, die bereits erwähnte Group of Thirty (G30), die Rockefeller-, Ford- und Carnegie-Stiftungen u.v.m. Da man unmöglich auf allen Hochzeiten gleichzeitig tanzen kann, spare ich das hier bewußt aus.

Was nun die Behauptung betrifft, es gäbe keine krankmachenden Viren, beziehe ich mich auf ein Video von Dr. Barbara Kahler, Mitglied der Partei "Neue Mitte",

---

[145] "Corona: Vatikan rät zu solidarischer Antwort", https://www.vaticannews.va/de/vatikan/news/2020-10/vatikan-corona-virus-vitillo-fratelli-tutti-geschwisterlichkeit.html. Der Artikel schlägt ganz ähnliche Töne an wie Klaus Schwab vom Weltwirtschaftsforum: "Der Vatikan will die derzeitige weltweite Notlage beim Schopf ergreifen, um **dem internationalen System** etwas mehr Geschwisterlichkeit einzupflanzen. Ein »Weiter so wie früher« **soll es nicht geben**, dafür will die Kirche ihre Ressourcen einsetzen". Oder wie Schwab sagte: "Viele von uns fragen sich, wann wir wieder zur Normalität zurückkehren. Die kurze Antwort ist: **nie**", Hervorhebungen durch mich.

das sie auf dem Bitchute-Kanal von Christoph Hörstel veröffentlicht hatte.[146] Darin sagte sie:

"In den sozialen Netzwerken machen gerade Botschaften über künstliche Killerviren die Runde, die im Labor gezüchtet werden – zu den üblichen finsteren Zwecken. Mit der Freisetzung eines veränderten Virus, das SARS-CoV-2 ähneln soll und den daraus folgenden Erkrankungen sollen dann noch härtere Maßnahmen begründet und noch mehr Angst Panik verbreitet werden. Der oder die Urheber aus dem medizinischen Umfeld wissen vermutlich nicht – oder wollen es nicht wissen, daß sie damit klassische Fake-News verbreiten und selbst der Mutter aller Wissenschaftsirrtümer auf den Leim gegangen sind: Die Rede ist von der Virus-Ideologie, der Behauptung von der Existenz krankmachender Viren bei Mensch, Tier und Pflanze. Gerüchte um die Erzeugung von Killerviren und Virusmutationen aus dem Labor und deren Freisetzung als Biowaffe sind wirklichkeitsfern und ebenso unverantwortliche Irreführung wie die Horror-Vorhersagen der Bundesregierung. Aufgebracht hat das Thema kürzlich Dr. Heiko Schöning in dem Videoclip »Dark Winter«, den wir für Sie verlinken. [...] Die Neue Mitte berichtet seit Beginn dieser künstlich erzeugten Krise über die Hintergründe der Virus-Ideologie und ihren Einsatz als Macht- und Vernichtungsmittel – wir sprechen hier wohlgemerkt von der Ideologie, nicht vom nur behaupteten Virus! [...] Wir empfehlen dringend, die wissenschaftlichen Grundlagen dazu herunterzuladen von der Website WissenschafftPlus und vom telegram-Kanal Corona_Fakten. [...] Zu Ihrem Verständnis:

Der amerikanische Deep State hat bereits 1912 bei einem Treffen hochkarätiger Funktionäre der Rockefeller-Stiftung und des Carnegie-Instituts festgelegt, mit welcher US-Universität sie zusammenarbeiten wollten, um das gesamte System medizinischer Arbeit auf Profit zu trimmen. Dabei stand für beide Herren sofort fest, daß sie die New Yorker Johns-Hopkins Universität für diese Totalreform des medizinischen Systems bevorzugen. Es handelt sich um genau **die** Johns-Hopkins Universität, die am 18. Oktober 2019 das berühmt-berüchtigte letzte Vorbereitungstreffen für das Management der globalen Fake-Pandemie »Corona« in New York veranstaltet hatte: Bekannt geworden als »Event 201«. Schon **vor** 1912 hatte sich die Rockefeller-Stiftung von der unlukrativen Naturheilkunde gelöst und auf die weitaus gewinnträchtigere Chemie-basierte Un-Heilkunde

---

146 "Virusdebatte: endlich komplett aufräumen! Dr. Barbara Kahler 2021-1-12", https://www.bitchute.com/video/mKpZJPcx2Ibb/

umgesattelt. Das neue Motto lautet seit 1912: Halt **du** sie krank, ich mach uns **reich**! Mit diesem neuen Wissen sind Sie gerüstet, weitere hinterhältige Falschbotschaften zu entziffern und die tatsächliche Drohung dahinter oder daneben zu sehen und sich entsprechend mental vorzubereiten."

Was die Informationen zum "Event 201" betrifft, einer Pandemie-Übung, die vom Weltwirtschaftsforum, der Bill & Melinda-Gates-Stiftung und der Johns-Hopkins-Universität organisiert wurde, so wurde dies bereits zuhauf bestätigt.[147] So weit, so richtig. Ebenso richtig ist, daß die im Rahmen dieser Übung durchexerzierten politischen Maßnahmen in verblüffender Weise denjenigen ähneln, die seit Beginn der "Corona-Krise" dann auch ergriffen wurden. Unnötig zu erwähnen, daß es sich dabei kaum um bloßen Zufall handeln kann. Wenn nur 5 oder 10% dessen umgesetzt worden wäre, was in der Übung "Event 201" an Reaktionen von Regierungen durchgespielt wurde, könnte man es vernachlässigen. Aber eine fast 100%ige Deckungsgleichheit? In einer umfassenden, tiefgehenden Analyse des "Great Reset"-Programms auf dem Blog "Factuality" wurde dafür ein Beispiel genannt:

"Bereits 2006 hatte der erste Bericht des WEF über globale Risiken die im Falle einer Pandemie zu ergreifenden Maßnahmen diskutiert (einige der Empfehlungen wurden 2009 im Zusammenhang mit der Schweinegrippe getestet). Danach haben die Arbeitsgruppen weiter an ihrem Netzwerk gestrickt. Im Jahr 2010 veröffentlichte die Rockefeller-Stiftung Szenarien für die Zukunft der Technologie und der internationalen Entwicklung, in denen das Szenario einer künftigen Abschaltung fast prophetisch beschrieben wurde:

»Zunächst fand die Idee einer kontrollierteren Welt breite Akzeptanz und Zustimmung. Die Bürger gaben bereitwillig einen Teil ihrer Souveränität – und ihrer Privatsphäre – an paternalistischere Staaten im Tausch gegen mehr Sicherheit und Stabilität ab. Die Bürger waren toleranter und sogar begieriger auf

---

[147] "COVID-19-Lockdowns im Gleichschritt mit dem »Great Reset«", https://axelkra.us/covid-19-lockdowns-are-in-lockstep-with-the-great-reset-activist-post/; "Boris Johnson kündigt „Großen Reset" an – hatten die Covid-„Verschwörungstheoretiker" die ganze Zeit Recht?", https://axelkra.us/boris-johnson-kuendigt-grossen-reset-an-hatten-die-covid-verschwoerungstheoretiker-die-ganze-zeit-recht-rt-op-ed/; "Der »Neustart der Welt« durch die Globalisten und ihre Pläne für die Menschheit", https://axelkra.us/der-neustart-der-welt-durch-die-globalisten-und-ihre-plaene-fuer-die-menschheit-factuality/

eine Führung und Aufsicht von oben nach unten, und die nationalen Führer hatten mehr Spielraum, um Befehle so durchzusetzen, wie sie es für richtig hielten.«"[148]

Das im Auszug erwähnte Papier der Rockefeller-Stiftung können Sie sich unter der Fußnote als pdf herunterladen.[149]

Kein Wunder, daß viele Menschen, die sich mit diesen Informationen bereits beschäftigt haben, das mulmige Gefühl beschleicht, daß hier nach einem regelrechten "Drehbuch" vorgegangen wird, was die "Corona-Politik" betrifft. Soweit kann ich folgen. Ich habe allerdings ein Problem mit der Behauptung, es gäbe überhaupt keine krankmachenden Viren. Nicht, weil ich es besser wüßte, im Gegenteil, sondern weil ich mir dazu einfach nur folgende Frage stelle: Sollte diese Behauptung stimmen, es also tatsächlich keine Viren geben, müßte mir jemand die Frage beantworten, woran genau Abertausende Wissenschaftler - Virologen, Immunologen, Epidemiologen usw. - eigentlich forschen, und zwar weltweit. Sind die alle zu blöd, eine Täuschung zu erkennen? Sind sie alle einer Luftnummer auf den Leim gegangen? Jagen sie alle bloßen Phantomen hinterher, waren ganze Jahrzehnte wissenschaftlicher Arbeit zu dieser Thematik und die daraus hervorgegangenen, unzähligen Veröffentlichungen samt und sonders nur großer Humbug? Ich lasse mich gerne eines Besseren belehren, aber solange mir kein wirklich bißfester Beweis vorliegt, fällt es mir nunmal extrem schwer, das zu glauben. Der einzige "Beweis", der mir dazu bislang unterkam und den auch Dr. Kahler erwähnt, ist der Molekularbiologe, Autor und Verleger Dr. Stefan Thomas Josef Lanka. In der von Dr. Kahler erwähnten Zeitschrift "Wissenschafftplus" schreibt Dr. Lanka:

"Durch Sinn und Wortwahl in allen Publikationen zu allen krankmachenden Viren ist bewiesen, daß die Virologen nicht nur Denkgesetze, Logik und verbindliche Regeln der Wissenschaft verletzen, sondern die Existenz-Behauptungen über krankmachende Viren selbst widerlegt haben. Hat man die hypnotisierende Angstbrille abgesetzt und liest objektiv mit Verstand, was die

---

148 "Der »Neustart der Welt« durch die Globalisten und ihre Pläne für die Menschheit", https://axelkra.us/der-neustart-der-welt-durch-die-globalisten-und-ihre-plaene-fuer-die-menschheit-factuality/

149 "Scenarios for the Future of Technology and International Development", https://axelkra.us/wp-content/uploads/2020/09/Scenarios-for-the-Future-ofTechnology-and-International-Development.pdf

Autoren tun und schreiben, stellt jeder Interessierte, der des Englischen mächtig ist und sich Kenntnis der verwendeten Methoden angeeignet hat, fest, daß diese Virologen (ausgenommen sind diejenigen, die mit Phagen und den phagenähnlichen Riesenviren arbeiten) normale Gensequenzen als virale Bestandteile fehldeuten und damit ihr ganzes Fachgebiet widerlegt haben. Besonders einfach ist dies im Falle der Existenzbehauptungen des angeblichen SARS-CoV-2-Virus erkennbar. Da diese Virologen mit ihren Aussagen und durch ihr Tun eindeutig Denkgesetze, Logik und die Regeln wissenschaftlicher Arbeit verletzt haben, sind sie umgangssprachlich als Wissenschaftsbetrüger zu bezeichnen. Da aber Wissenschaftsbetrug im Strafrecht nicht vorkommt und es hier noch keine Präzedenzfälle gibt, schlage ich vor und werde dies auch selbst tun, den Anstellungsbetrug von Virologen - Wissenschaftlichkeit vortäuschen, aber anti-wissenschaftlich handeln und argumentieren - gerichtlich und im Strafrecht feststellen zu lassen. Die zuständigen staatlichen Stellen sind aufgefordert, diese anti-wissenschaftlichen Anstellungsbetrüger zu verfolgen, um sie an ihrem antiwissenschaftlichen und in Folge asozialen und gemeingefährlichen Tun zu hindern. Ab dem Zeitpunkt, an dem ein erstes Gericht die unten dargestellten Tatsachen feststellt und den ersten Virologen wegen Anstellungsbetrug verurteilt, ist das Ende der Corona-Krise eingeläutet, gerichtlich besiegelt und die globale Corona-Krise wird sich als Chance für Alle herausstellen."[150]

Durch "Sinn und Wortwahl" in ***allen*** Publikationen dieses Fachgebietes? Lanka impliziert also, ***sämtliche Arbeiten*** aus dem medizinischen Forschungsgebiet der Virologie wären ausnahmslos komplett falsch. Somit wären ***alle*** Virologen - und zwar weltweit - Wissenschaftsbetrüger. Das erscheint mir - milde formuliert - etwas hoch gegriffen, weil es die Möglichkeit ausschließt, daß manche Virologen - unter der Voraussetzung der Richtigkeit der Behauptung der Nichtexistenz von Viren - es vielleicht einfach nur nicht besser wußten, also gar keine böswillige Täuschungsabsicht vorläge. Dasselbe gilt für eine bestimmte Äußerung von Dr. Kahler. Sie sagte: "Mit diesem neuen Wissen sind Sie gerüstet, weitere hinterhältige Falschbotschaften zu entziffern ...".

Vielleicht habe ich diese Äußerung einfach nur falsch verstanden, kann Lesern aber hiermit versichern, daß ich keine garstige Kreatur bin, die versucht, sie

---

[150] "Die Verursacher der Corona-Krise sind eindeutig identifiziert Virologen die krankmachende Viren behaupten sind Wissenschaftsbetrüger und strafrechtlich zu verfolgen", http://wissenschafftplus.de/uploads/article/wissenschafftplus-virologen.pdf

bewußt und in hinterhältiger Weise in die Irre zu führen. Ich habe mich bemüht, so viele Informationen wie möglich zu dieser Thematik zusammenzutragen. Da bekanntlich kein Mensch alles wissen kann und auch ich nur vor dem Hintergrund meines individuellen Wissenshorizontes zu einem gegebenen Zeitpunkt - in diesem Fall der Abfassung dieses Buches - schreibe, darf ich mich nicht erkühnen, zu behaupten, irgendwelche "absoluten" oder "letzgültigen" Antworten zu besitzen. Ich tue mich schwer mit der Vorstellung, Dr. Stefan Lanka wäre der weltklügste Wissenschaftler auf diesem Gebiet, hinter dem alle anderen weit zurückfielen. Das schließt nicht aus, daß eines Tages die heute vorherrschende, konventionelle Schulweisheit über Viren vielleicht wirklich revidiert werden muß. Die Geschichte der Wissenschaften spricht diesbezüglich nicht nur Bände, sondern ganze Bibliotheken - es wäre nicht das erste Mal, daß Lehrmeinungen des wissenschaftlichen "Mainstreams", die sich zu regelrechten Dogmen verfestigten, durch neue Erkenntnisse revidiert, manche sogar fallen gelassen werden mußten. Ich darf mir diesbezüglich kein abschließendes Urteil erlauben, weil ich lediglich ein "Informationssammler" bin, der seine eigenen Schlüsse aus dem gewonnenen Material zieht, und es wäre völlig überzogen, würde ich mir anmaßen, klüger zu sein als sämtliche Virologen und andere Wissenschaftler auf themenverwandten Forschungsgebieten, die ich in diesem Buch bereits zuhauf zitiert habe.

Wie ich ebenfalls bereits erwähnt habe, ist die „Welt der Wissenschaft“ tatsächlich stark korrumpiert – nicht zuletzt durch die immensen Geldzuflüsse aus der Pharmaindustrie. Ich möchte Leser an dieser Stelle deshalb noch ein letztes Mal auf das hervorragende Buch „Virus-Wahn“ hinweisen – Sie finden darin auf fast 500 Seiten reichaltiges Material darüber, wie bei allen „Seuchen“ bzw. Epidemien/Pandemien der Vergangenheit - SARS, BSE, HIV/AIDS, der Schweine- und Vogelgrippe u.a. – in „schöner“ Regelmäßigkeit mit unsauberen wissenschaftlichen Methoden gearbeitet wurde und wie die führenden medizinischen Institutionen der Welt – CDC, WHO – sowie viele nationale Organisationen, darunter auch das RKI, schlicht unseriös vorgingen, um im Interesse von Pharmakonzernen unzähligen Menschen eine Heidenangst einzujagen und „Pandemien“ auch dort auszurufen, wo es gar keine gab. Bei Corona/Covid-19 ist das, wie Sie in vorliegendem Büchlein erfahren haben, nicht anders.

Meiner Ansicht nach ist das in der gegenwärtigen Situation aber noch nicht mal die vordringliche Frage. Für wichtiger halte ich die nüchterne Feststellung der

Tatsache, daß trotz aller Diskussionen über Viren, über die Frage nach dem Ursprung von SARS-CoV-2, darüber, ob es Viren überhaupt gibt oder nicht, über den Sinn einer Maskenpflicht (auch hierzu gibt es eine Menge Informationen, die den politischen und massenmedial propagierten widersprechen[151]), über den Sinn und wahren Zweck von Forschungsprogrammen diverser Regierungen zur angeblichen Entwicklung von Biowaffen eines doch **völlig unstrittig** ist, und zwar jenseits jeden Zweifels: Nämlich, um auch das nochmal zu wiederholen, daß diese Krise ***politisch ausgeschlachtet wird***. An dieser Tatsache kommt niemand vorbei. Es geht dabei nachweislich nicht nur um die "Bekämpfung einer Pandemie" - diese Behauptung ist bereits widerlegt. Das wirft die Frage auf, die ich bereits eingangs gestellt hatte, mit Blick auf Schwabs Buch "Covid-19: Der große Umbruch": **Warum** wird sie instrumentalisiert? In **welches** "neue Normal", welche Art von "neuer Weltordnung" soll dieser "Große Reset" denn nun führen, wie soll diese Welt genau aussehen?

---

151 "Bahnbrechende Studie stellt fest, dass Masken unwirksam sind", https://axelkra.us/bahnbrechende-studie-stellt-fest-dass-masken-unwirksam-sind/; "Meta-Analyse zur Verwendung von Gesichtsmasken in Gemeinde-Einrichtungen zur Verhinderung der Übertragung von Atemwegsinfektionen zeigt keine Wirkung", https://axelkra.us/meta-analyse-zur-verwendung-von-gesichtsmasken-in-gemeinde-einrichtungen-zur-verhinderung-der-uebertragung-von-atemwegsinfektionen-zeigt-keine-wirkung-sciencedirect/; "Neue dänische Studie findet heraus, dass Masken nicht vor COVID-Infektionen schützen", https://axelkra.us/neue-daenische-studie-findet-heraus-dass-masken-nicht-vor-covid-infektionen-schuetzen-foundation-for-economic-education/; "Die verfügbaren wissenschaftlichen Erkenntnisse zeigen nahezu schlüssig, dass das Tragen von Masken die Infektionsraten nicht verringert", https://axelkra.us/ist-es-zeit-fuer-eine-vollzeit-maskenpflicht/; "Was braucht es, damit Masken und Gesichtsschilde aufhören?", https://axelkra.us/was-braucht-es-damit-masken-und-gesichtsschilde-aufhoeren/; "COVID-19-Überlebensraten lassen viele Wissenschaftler und Ärzte an Masken & Lockdowns zweifeln", https://axelkra.us/covid-19-ueberlebensraten-lassen-viele-wissenschaftler-und-aerzte-an-masken-lockdowns-zweifeln-collective-evolution/; "Warum Gesichtsmasken nicht funktionieren: Ein aufschlussreicher Rückblick – Oral Health Group", https://axelkra.us/warum-gesichtsmasken-nicht-funktionieren-ein-aufschlussreicher-rueckblick-oral-health-group/; "Masken sind weder wirksam noch sicher: Eine Zusammenfassung der Wissenschaft", https://axelkra.us/masken-sind-weder-wirksam-noch-sicher-eine-zusammenfassung-der-wissenschaft/

Doch bevor ich mich dieser Frage widme, zum Abschluß dieses Kapitels noch ein kleines Schmankerl. Dank an Dr. Gary Kohls, der diese Information ausgegraben hatte.

"Einige mögen sich fragen, warum wir es den Fauci-Gates-NWO-Virus nennen:

»Amerika wurde vorgeführt! Das chinesische Biolabor in Wuhan gehört GlaxoSmithKline, die (zufällig!) Pfizer besitzen (der Konzern, der den Impfstoff gegen das Virus produziert), das (zufällig!) im Biolabor in Wuhan begann, das (zufällig!) von Dr. Fauci finanziert wurde, der (zufällig!) den Impfstoff propagiert. GlaxoSmithKline wird (zufällig!) vom Finanzkonzern BlackRock gemanaged, der (zufällig!) die Finanzen der Open Society Foundation (Soros Foundation) managed, die (zufällig!) der französischen AXA dient! Zufällig besitzt Soros die deutsche Firma Winterthur, die (zufällig!) das chinesische Labor in Wuhan errichtete und vom deutschen Versicherer Allianz gekauft wurde, der (zufällig!) ein Teilhaber von BlackRock ist, die wiederrum (zufällig!) die Zentralbanken kontrollieren und ungefähr ein Drittel des globalen Investmentkapitals. BlackRock ist außerdem (zufällig!) ein großer Teilhaber von Microsoft, eines Unternehmens, das Bill Gates gehört, der (zufällig!) ein Teilhaber von Pfizer ist (die den Wunderimpfstoff verkaufen) und (zufällig!) der größte Sponsor der WHO!«."[152]

---

[152] "Bill Gates' milliardenschwere Bestechung der Wissenschaft, Impfstoffindustrie, Big Pharma, WHO, NIH/CDC/Fauci und der Great Reset des Weltwirtschaftsforums", https://axelkra.us/bill-gates-milliardenschwere-bestechung-der-wissenschaft-impfstoffindustrie-big-pharma-who-nih-cdc-fauci-und-der-great-reset-des-weltwirtschaftsforums-dr-gary-kohls/

Droht die Huxley'sche "Wissenschaftliche Diktatur"?

"Die Corona-Krise ist der Auslöser für einen globalen Staatsstreich von monumentalen Ausmaßen. Sie ist der Beginn einer neuen Ära, mit einer neuen internationalen Wirtschaftsordnung, die die menschliche Freiheit völlig zu zerstören droht", heißt es im bereits erwähnten Artikel "Der »Neustart der Welt« durch die Globalisten und ihre Pläne für die Menschheit".[153] Es handele sich im Wesentlichen um eine "feindliche Übernahme", oder, wenn man so will, eine "Machtübernahme" hin zu einer technokratisch-korpokratischen, korporatistischen Weltordnung, also einer solchen, in der die größten Konzerne der Welt aus unterschiedlichsten Wirtschaftsbereichen im Zusammenspiel mit willfährigen Politikern und "Experten" das Zepter schwingen. Man könnte auch sagen: Hin zu einer "wissenschaftlichen Diktatur", wie Aldous Huxley sie in seinem Buch "Schöne neue Welt" beschrieben hatte, also einer "weichen" Diktatur. Huxley war übrigens auch Mitglied dieser Elitenzirkel, so war er z.B. in der "Fabian Society", die zum bereits erwähnten institutionellen Netzwerk gehört, mit dem Einfluß auf die "öffentliche Meinungsbildung" genommen werden soll. Also hin zu einer Welt, in der "Experten" das Sagen haben. So hieß es in einem Artikel der Wochenzeitung "Die Zeit" vom 18. März 2020 über einem Foto von Christian Drosten: "Ist das unser neuer Kanzler? ***Die Wissenschaft gibt jetzt der Politik die Richtung vor***. Was heißt das für die Demokratie?"[154]

Die Idee einer "Expertokratie", einer von Wissenschaftlern und anderen Experten, also einer "technokratischen Elite" geführten Welt, ist beileibe nicht neu.

"Autor Frank Fischer liefert eine höchst aufschlußreiche Beschreibung von Bacons »utopischen Konzepten« [gemeint ist Sir Francis Bacon, der das Buch "The New Atlantis" schrieb und die sogenannte "Idolenlehre" in seiner philosophischen Schrift "Novum Organum" entwickelte, meine Anmerkung]:

---

153 "Der »Neustart der Welt« durch die Globalisten und ihre Pläne für die Menschheit", https://axelkra.us/der-neustart-der-welt-durch-die-globalisten-und-ihre-plaene-fuer-die-menschheit-factuality/

154 https://www.zeit.de/2020/13/coronavirus-wissenschaft-auswirkung-auf-politik-virologen-christian-drosten-alexander-kekule

»Für Bacon war das bestimmende Element der Geschichte der rasante Aufstieg und das Wachstum von Wissenschaft und Technologie. Wo Plato die Vision einer Gesellschaft hatte, die von Philosophenkönigen regiert wird, Menschen, die fähig wären, die 'Formen' sozialer Gerechtigkeit wahrzunehmen, strebte Bacon nach ***einer technischen Elite, die im Namen von Effizienz und technischer Ordnung herrscht***. Bacons Absicht in The New Atlantis war es fürwahr, den Philosophen durch ***den forschenden Wissenschaftler als Herrscher der utopischen Zukunft zu ersetzen; das neue Atlantis war eine rein technokratische Gesellschaft.***« (66-67)

Eine technokratische Gesellschaft oder Technokratie kann wie folgt definiert werden:

»In klassischen politischen Begriffen bezieht sich eine Technokratie auf ***ein Regierungssystem, in dem technisch ausgebildete Experten aufgrund ihres spezialisierten Wissens regieren sowie ihrer Position in dominanten politischen und ökonomischen Institutionen.***« (Fischer 17)

Auch Oxford-Professor Carroll Quigley schrieb über die Diktatur der »Experten« und wies darauf hin, daß in ihr ***eine kognitive Elite »den demokratischen Wähler als Kontrollinstanz des politischen Systems ablösen wird«*** (Quigley 866). Über eine solche ***Demokratie der »Experten«*** schrieb Freimaurer H.G. Wells:

»Die politische Organisation der Welt wird demokratisch sein, was bedeutet, die Regierung sowie die Leitung der Angelegenheiten wird in unmittelbarer Verbindung zum allgemeinen Denken der gebildeten Gesamtbevölkerung stehen und auf sie reagieren.« (26)

Der Literaturkritiker und Autor W. Warren Wagar schreibt zu dieser Aussage:

»Lesen sie sorgfältig. Er sagte nicht, die Weltregierung würde von den Leuten gewählt, oder daß sie auf diese reagieren würde - nur auf die, die 'gebildet' sind.« (Wells, The Open Conspiracy: H.G. Wells on World Revolution (26) [»Die offene Verschwörung: Was H.G. Wells zur Weltrevolution sagt«, Anm. d. Übersetzers]."[155]

---

[155] Phillip Darrell Collins, Paul David Collins, "Der Aufstieg der wissenschaftlichen Diktatur: Eine Untersuchung epistemischer Autokratie vom

Ich finde es bemerkenswert, wie sich uralte Pläne heute vor unser aller Augen beinahe Punkt für Punkt zu erfüllen erscheinen. Ob sie wirklich umsetzbar sein werden, steht auf einem anderen Blatt. Aber versuchen kann man's ja mal, sozusagen - und genau das geschieht gerade im Rahmen des "Großen Reset" oder "Umbruchs".

"Am 13. Juni 2019 unterzeichneten Klaus Schwab, Präsident des Weltwirtschaftsforums (WEF), und UNO-Generalsekretär António Guterres eine Partnerschaft zwischen ihren beiden Organisationen. Dies geschah ohne direkte Medienaufmerksamkeit trotz der enormen Auswirkungen, die dies auf die Menschheit hat. Im Großen und Ganzen bedeutet dies, daß die Macht über unser Leben mit einem Federstrich auf die großen Weltkonzerne und ihre Eigentümer übergegangen ist"[156], so der Artike von "Factuality" weiter. "Einige Monate später, während des Treffens in Davos im Januar 2020, wurde dies durch die Lancierung des von PWC erstellten Berichts »Unlocking Technology for the Global Goals« sehr deutlich. Dies bedeutet, dass die Technologie-Giganten der Welt (die Teil der Arbeitsgruppen des WEF sind) die Probleme der Welt durch den Einsatz von KI, Satelliten, Robotik, Drohnen und dem Internet der Dinge sowie mit synthetischer Nahrung auf der Speisekarte lösen werden".[157]

"COVID-19 hat die Welt daran erinnert, daß die Hauptprobleme globaler Natur sind (Klima, Pandemien, Terrorismus, internationaler Handel)", heißt es im Artikel weiter. "Die globalen Organisationen sind jedoch nicht ausreichend ausgestattet und es mangelt ihnen an einer wirksamen Führung. Den Autoren zufolge ist das derzeitige System nicht in der Lage gewesen, die Corona-Krise zu bewältigen, sondern war stattdessen durch unkoordinierte nationale Maßnahmen gekennzeichnet. Nach Ansicht der Autoren zeigt dies die Notwendigkeit einer wirksameren und koordinierteren Führung und daß Nationalismus uns nur in die Irre führt".[158]

---

19. bis zum 21. Jahrhundert", aus dem Englischen und herausgegeben von Axel B.C. Krauss, Books on Demand (BoD), S. 25-26, Hervorhebungen durch mich.

[156] "Der »Neustart der Welt« durch die Globalisten und ihre Pläne für die Menschheit", https://axelkra.us/der-neustart-der-welt-durch-die-globalisten-und-ihre-plaene-fuer-die-menschheit-factuality/

[157] ebda.

[158] a.a.O.

Dann wird aus dem Buch zitiert - ein Zitat, daß Erinnerungen an viele andere Wortmeldungen internationaler Verfechter einer "neuen Weltordnung" erinnert, z.B. auch die Worte, die Henry Kissinger im Gastbeitrag für das "Wall Street Journal" schrieb:

"Daher besteht die Sorge, daß wir ohne eine angemessene **Global Governance** in unseren Versuchen, globale Herausforderungen anzugehen und auf sie zu reagieren, gelähmt werden."[159]

Schwab und Malleret betonen diesen Punkt mehrfach in ihrer Schrift. So heißt es auf Seite 18:

"Sie [die Covid-19-Krise, meine Anmerkung] könnte also Veränderungen auslösen, die vor der Pandemie undenkbar gewesen wären, wie z. B. neue Formen der Geldpolitik wie Helikoptergeld (das es bereits gibt), das Überdenken/Neukalibrieren einiger unserer sozialen Prioritäten und eine verstärkte Suche nach dem Gemeinwohl als politisches Ziel, die politische Durchsetzungskraft des Begriffs der Fairness, radikale Wohlfahrts- und Steuermaßnahmen und drastische geopolitische Neuausrichtungen. Im Großen und Ganzen geht es um Folgendes: Die Möglichkeiten für Veränderungen und die daraus resultierende neue Ordnung sind jetzt unbegrenzt und nur durch unsere Vorstellungskraft begrenzt, zum Guten oder zum Schlechten. Gesellschaften könnten entweder egalitärer oder autoritärer werden, oder auf mehr Solidarität oder mehr Individualismus ausgerichtet sein, die Interessen der Wenigen oder der Vielen begünstigen; Volkswirtschaften könnten, wenn sie sich erholen, den Weg zu mehr Inklusivität einschlagen oder sich mehr auf die Bedürfnisse unseres ***globalen Gemeinwesens*** einstellen, oder sie könnten wieder so funktionieren wie zuvor. Sie verstehen, worauf es hinausläuft: Wir sollten diese beispiellose Gelegenheit nutzen, unsere Welt neu zu gestalten, um sie zu einer besseren und widerstandsfähigeren Welt zu machen, wenn sie aus der Krise herauskommt".[160]

---

[159] a.a.O.

[160] Klaus Schwab, Thierry Malleret, "Covid-19: The great Reset", World Economic Forum 2020, Forum Publishing, S. 18-19. Übersetzung aus dem Englischen und Hervorhebung durch mich. Mir ist bewußt, daß dieses Buch bereits in einer deutschen Übersetzung vorliegt, jedoch habe ich mir die englische Ausgabe bestellt.

In der Einführung auf Seite 11 des Buches beklagen die Autoren das Versagen von "***Global Governance*** und Führung". Es ließen sich noch Dutzende anderer Beispiele aus dem Text anführen, die deutlich machen, worum es geht: die Etablierung einer weltgemeinschaftlichen Regierungsform, eben einer "Global Governance", einer Art von "Weltregierung". Doch das mal beiseite: Wie genau soll die Welt ihren Vorstellungen nach denn nach Covid-19 aussehen?

Die Welt nach Covid-19: Ein technokratisches "Panoptikum"?

Studiert man die Bücher, Strategiepapiere, Pamphlete und die Veröffentlichungen auf den einschlägigen Webseiten der Organisationen aus dem institutionellen Netzwerk, die dem Projekt der "Neuen Weltordnung", alias "Neues Normal" oder der "große Reset" bzw. "Umbruch" zuzurechnen sind, wird man auf viele gemeinsame oder zentrale Punkte stoßen; nach einer Zeit kristallisiert sich eine Art "gemeinsamer Linie" heraus. Klaus Schwab ist also nicht der Erfinder dieser "technokratischen Transformation" der Welt zu mehr "Global Governance" und anderen tiefgreifenden Veränderungen in Wirtschaft und Gesellschaft, die zum großen Teil durch neue Technologien bewirkt werden sollen; ein Teil dieser Pläne wie z.B. die "Deindustrialisierungsagenda", die auf dem "Postindustriellen Nullwachstumstheorem" basiert, reicht viele Jahrzehnte zurück. Die Rede ist von einer "gerechteren Welt", in der mit den Ungleichheiten der heutigen aufgeräumt und mehr Menschen die Teilhabe an wissenschaftlichem und technologischem Fortschritt sowie ökonomischer Prosperität ermöglicht werden soll. Einem Werbevideo des Weltwirtschaftsforums selbst zufolge soll es sich dabei wohl um eine "Sharing Economy" handeln, eine des Teilens, in der es zudem keinen persönlichen Besitz mehr geben wird.

Eine Wirtschaft, in der es kein Bargeld mehr geben soll - was diesen Punkt auf der Agenda betrifft, empfehle ich das Buch "Die Abschaffung des Bargelds und die Folgen: Der Weg in die totale Kontrolle" von Norbert Häring[161] - sondern nur noch eine einheitliche elektronische Weltwährung (denkbar wären auch mehrere, solange sie unter Kontrolle der Eliten bzw. "Globalisten" stehen).

In einem Video, das vom Weltwirtschaftsforum veröffentlicht wurde, hieß es dazu: "**In zehn Jahren werden Sie nichts besitzen, und es wird Sie glücklich**

---

[161] https://smile.amazon.de/Die-Abschaffung-Bargelds-die-Folgen-ebook/dp/B01BNYUT4I/ref=sr_1_2?__mk_de_DE=%C3%85M%C3%85%C5%BD%C3%95%C3%91&dchild=1&keywords=die+federal+reserve+verschw%C3%B6rung&qid=1610892800&sr=8-2

machen".[162] Der Finanzanalyst Martin Armstrong schrieb dazu in einem Artikel auf seiner Webseite:

"Dies ist die Agenda, die durch die gefälschte COVID-19-Pandemie in Gang gesetzt wurde, die von diesen Leuten angezettelt wurde; die Lockdowns sollten die Wirtschaft zerschlagen, sie in Richtung Verstaatlichung der gesamten Industrie und Auslöschung der Kleinunternehmen lenken. Sie sind dabei, Pässe zu entwickeln, für die man Impfstoffe benötigt, um reisen zu können. Sie versuchen absichtlich, den internationalen Reiseverkehr einzuschränken, um die Umweltverschmutzung zu verringern und Massenaufstände gegen ihre neue kommunistische Agenda zu verhindern. Ja, sie bewegen sich vom Sozialismus, in dem man noch etwas besitzt, hin zum Kommunismus, in dem die Regierung alles besitzt. Es ist kein Zufall, dass Pikkety zusammen mit Klaus Schwab dahinter steht. [...] Das ist es, worum es bei dieser Wahl geht. Hier geht es nicht darum, Trump zu mögen oder nicht zu mögen. Das ist die wirkliche Gefahr, der wir gegenüberstehen – das Weltwirtschaftsforum und seine Vision einer neuen kommunistisch-grünen Weltordnung. Die Presse wird ihre Arbeit NICHT tun. Denn wenn sie es täte, würde sie die Tatsache aufdecken, dass das Weltwirtschaftsforum kurz vor dem Absturz alle seine Investitionen verkauft hat. Klaus Schwab ist der neue Karl Marx. Dies ist die größte organisierte Verschwörung in der Geschichte der Menschheit, und die Presse heißt sie mit offenen Armen willkommen. In zehn Jahren werden Sie nichts besitzen, aber Sie werden auch keine Rechte haben – Ihre Papiere bitte!".[163]

Man kann sich über die Begrifflichkeiten streiten: Wird es eine kommunistisch-totalitäre neue Ordnung der Welt sein, wie Armstrong glaubt? Andere - darunter auch ich - würden es eher als korpokratisch-technokratische Ordnung bezeichnen, also auf gut Deutsch: Als "Konzernherrschaft", vulgo Korporatismus, vulgo Faschismus, eine, wie in einem der letzten Kapitel beschrieben, "softe Diktatur", eine "wissenschaftliche Diktatur" wie von Huxley beschrieben, also ein System, in dem der "Gefangene" in dieser "panoptischen Gesellschaft"[164], in der er ein vollständig "gläserner Bürger" wäre, gar nicht weiß,

---

[162] https://axelkra.us/klaus-schwab-sagt-sie-werden-in-10-jahren-nichts-besitzen-und-es-wird-sie-gluecklich-machen-armstrong-economics/

[163] ebda.

[164] https://de.wikipedia.org/wiki/Panoptismus; "Der Panoptismus in Michel Foucaults Werk »Überwachen und Strafen«",

daß er unfrei ist, ein "Sklave". Aber vielleicht wäre hier eine Mischform passender: Korpokratisch-korporatistischer Technototalitarismus mit sozialistisch/kommunistischer Organisation der Gesellschaft, will sagen, der "niederen Knechte"? Wie gesagt: Darüber kann man sich natürlich vorzüglich die Köpfe heiß reden, zumal die Agenda des "Großen Umbruchs" ja noch beileibe nicht vollendet ist - sie hat gerade erst begonnen. Man könnte auch sagen, daß die federführenden Eliten hinter diesem Projekt gerade erst "warm geworden" wären.

Die von Armstrong angesprochenen "Impfpässe", die man zum Reisen benötigen wird, sind tatsächlich in der Mache, z.B. das Projekt "CommonPass". Patrick M. Wood, Betreiber der Webseite "Technocracy News", schrieb dazu: "Bis Ende 2021 werden Regierungen und Industrie über tragbare DNA-Sequenziergeräte verfügen, um Ihre DNA sofort mit einem digitalen Reisepass wie dem Commonpass zu koppeln. Dies ist der heilige Gral der Technokratie und wird rasch ihre wissenschaftliche Diktatur einläuten. Diese Technologie und die Art und Weise, wie sie eingesetzt wird, um die Menschheit zu beherrschen, geht über das Vorstellungsvermögen der meisten Menschen weit hinaus, aber wir haben nicht mehr viel Zeit, bis wir sie selber sehen werden ... und dann wird klar werden, worum es wirklich ging. Abgesehen davon, dass sie für die COVID-19-Identifikation verwendet wird, wird sie zur Standardanwendung für alle staatlichen Registrierungsstellen und Dokumente wie Führerscheine, Geschäftslizenzen, Transportmittel usw. werden".[165]

In einem Artikel von "Mintpress News" vom 26.10.2020 hieß es dazu: "Ein neues digitales Zertifikat mit dem Namen »CommonPass«, das als Abfertigungsmechanismus für Passagiere auf der Grundlage einer Gesundheitsdiagnose dienen soll, wurde am 21. Oktober unter den wachsamen Augen der »Centers for Disease Control« (CDC) und der »U.S. Customs and Border Protection« (CBP) am Flughafen Heathrow in London erstmals transatlantisch getestet. Dort bestieg eine Gruppe ausgewählter Teilnehmer den United-Flug 15 nach Newark, New Jersey, nachdem sie am Abflugort im Rahmen einer fast schon zeremoniellen Übung, an der auch die Mitbegründer der Initiative, Paul Meyer und Bradley Perkins, teilnahmen, auf COVID-19 untersucht und getestet worden waren. Der erste Testlauf der App fand letzten

---

https://www.grin.com/document/55790; "Das panoptische System totaler Überwachung", https://hpd.de/node/16887

165 https://axelkra.us/commonpass-neue-covid-sicherheitsmassnahmen-machen-gesundheit-zur-voraussetzung-fuer-reisen-mintpressnews/

Monat mit viel weniger Medienrummel auf einem Flug der »Cathay Pacific Airways« von Hongkong nach Singapur statt und markierte den Beginn des CommonPass-Pilotprojekts, das von der gemeinnützigen Organisation »The Commons Project« ***zusammen mit dem Weltwirtschaftsforum*** ins Leben gerufen wurde. Insider der Reisebranche behaupten, dass CommonPass die Wiederaufnahme internationaler Reisen ermöglichen wird, bevor ein COVID-19-Impfstoff auf breiter Basis zur Verfügung steht, indem Standardmethoden für die Zertifizierung von Laborergebnissen und Impfprotokollen von Reisenden im CommonPass-Rahmen angewandt werden, die auf Kriterien basieren, die von den Regierungen der einzelnen Einreisepunkte festgelegt wurden".[166]

"Die Linux Foundation hat sich mit IBM, der »COVID-19 Credentials Initiative« und »CommonPass«, einem digitalen »Gesundheitspass«, zusammengetan, um Impfausweis-Apps zu entwickeln, die weltweit einsetzbar sein werden. Wenn die Initiative erfolgreich ist, werden Sie wahrscheinlich ein Impfzertifikat auf Ihrem Telefon benötigen, aus dem hervorgeht, wann und wo Sie geimpft wurden, zusammen mit der Art des Impfstoffs, um in ein Flugzeug steigen oder eine Veranstaltung in einem Gebäude besuchen zu können, wie z. B. ein Konzert", schrieb Dr. Joseph Mercola am 5. Januar 2021.[167]

"Globale Machteliten nutzen die Angst vor COVID-19 als Vorwand, um eine digitale ID zu erstellen, die Menschen in Klassen auf der Grundlage ihrer medizinischen Geschichte unterteilen und im Wesentlichen ein neues Kastensystem der Geimpften und nicht Geimpften schaffen wird", kommentierte Leo Hohmann diese Pläne. "Bald wird es Einschränkungen geben, die internationale Reisen auf diejenigen beschränken, die sich bereit erklären, die mobile App der »International Air Transport Association« namens »IATA Travel Pass« herunterzuladen, »die es Fliegern ermöglicht, ihre COVID-Berechtigungsnachweise an Flughäfen einfach vorzuzeigen«, so die Fachzeitschrift »Travel Pulse«. [...] Branchenorganisationen, die Fluggesellschaften und Kreuzfahrtschiffe betreuen, arbeiten seit Monaten an digitalen Reisepässen. Die Internationale Zivilluftfahrt-Organisation, eine Sonderorganisation der Vereinten Nationen, gab am 17. November bekannt, daß sie an einem international anerkannten digitalen Reiseausweis arbeitet. Ein

166 a.a.O., Hervorhebung durch mich.

167 "Jetzt werden Apps für den »Global Vaccine Passport« entwickelt", https://axelkra.us/jetzt-werden-apps-fuer-den-global-vaccine-passport-entwickelt/

weiterer digitaler Reisepass, die App »Travel Pass«, soll die aktuellen Testergebnisse einer Person anzeigen, einen Impfnachweis enthalten und zur Identitätsüberprüfung mit einer elektronischen Kopie des Reisepasses des Nutzers verknüpft werden. [...] Schwab und die Politiker, die ihn unterstützen – einige seiner größten Unterstützer sind der kanadische Premierminister Justin Trudeau, Prinz Charles und der britische Premierminister Boris Johnson sowie Joe Biden – sind der Meinung, dass COVID die perfekte Gelegenheit bietet, das, was von der Nachkriegsordnung übrig geblieben ist, niederzubrennen und durch eine hybride Form von Kommunismus und Vetternkapitalismus zu ersetzen, ähnlich wie es in China existiert. Sie nennen es »Stakeholder-Kapitalismus«."[168]

Das Portal "Business Wire" vermeldete am 14. Januar 2021: "»Die Standards, die von der Vaccination Credential Initiative entwickelt werden, kombiniert mit der Verfügbarkeit von kostengünstigen Smartphone-fähigen Schnelltests, die die FDA jetzt für den Heimgebrauch zuzulassen beginnt, werden es Anwendungsentwicklern ermöglichen, datenschutzfreundliche Lösungen zur Überprüfung des Gesundheitsstatus zu erstellen, die nahtlos in bestehende Ticketing-Workflows integriert werden können«, sagte Ken Mayer, Gründer und CEO von Safe Health. »SAFE arbeitet derzeit mit Hedera zusammen, um eine Blockchain-fähige Crowd-Safety-Lösung zu entwickeln, die die VCI-Standards nutzt und dazu beitragen soll, Konzerte und Sportveranstaltungen wieder in Gang zu bringen«. [...] »Wir starten die größte Impfkampagne in der Geschichte der Vereinigten Staaten. Mehr denn je brauchen Einzelpersonen jetzt Zugang zu ihren eigenen Impf- und Gesundheitsinformationen in einem portablen Format, um sich sicher und bequem im Land bewegen zu können«, sagte Ryan Howells, Principal, Leavitt Partners und Programmmanager der CARIN Alliance".[169]

---

[168] "Globale Konzerne führen »digitale Pässe« ein, die die Impfstoffhistorie mit persönlichen IDs verknüpfen: Was kommt als nächstes unter dem »Great Reset«?", https://axelkra.us/globale-konzerne-fuehren-digitale-paesse-ein-die-die-impfstoffhistorie-mit-persoenlichen-ids-verknuepfen-was-kommt-als-naechstes-unter-dem-great-reset-leo-hohmann/

[169] "Breite Koalition aus führenden Vertretern der Gesundheits- und Technologiebranche kündigt Impfausweis-Initiative an, um den digitalen Zugriff auf COVID-19-Impfdatensätze zu beschleunigen", https://axelkra.us/breite-koalition-aus-fuehrenden-vertretern-der-gesundheits-und-technologiebranche-kuendigt-impfausweis-initiative-an-um-den-digitalen-zugriff-auf-covid-19-impfdatensaetze-zu-beschleunigen-business/

Das klingt natürlich ganz harmlos und verspricht dem Anwender viele Vorteile. Die Risiken des Mißbrauches solcher Daten zur Überwachung der Bürger werden dabei nicht erwähnt. Patrick M. Wood kommentierte dazu: "In einem rasenden Ansturm beabsichtigt Big Tech, einen narrensicheren und dystopischen Impfpass zu schaffen, der weltweit für »Reisen, Arbeit, Schule und Leben« benötigt werden kann und wird. VCI ist eine massive öffentlich-private Partnerschaft, die den gesamten Planeten abdecken wird".[170]

Am 15. Oktober 2020 präsentierte Whitney Webb eine Fülle an Informationen zu diesen Vorstößen zur Massenüberwachung in ihrem Artikel "Google & Oracle wollen Amerikaner, die im Rahmen der Operation »Warp Speed« gegen Covid-19 geimpft wurden, bis zu zwei Jahre lang überwachen"[171]:

"In einem Interview mit dem Wall Street Journal, das am vergangenen Freitag veröffentlicht wurde, bestätigte der »Captain« der Operation Warp Speed, Moncef Slaoui, Big Pharma-Karriererist, daß die Millionen von Amerikanern, die den Impfstoff gegen Covid-19 erhalten sollen, über «unglaublich präzise . . . . Verfolgungssysteme« überwacht werden, die »sicherstellen werden, daß die Patienten jeweils zwei Dosen desselben Impfstoffs erhalten und auf negative gesundheitliche Auswirkungen überwacht werden«. Slaoui merkte auch an, dass die Technologiegiganten Google und Oracle als Teil dieses »Verfolgungssystems« unter Vertrag genommen wurden [...] [Ein Dokument der CDC] verweist auf ein anderes Papier, das im August vom Johns Hopkins Center for Health Security im Zusammenhang mit den Simulationen zu »Event 201« und »Dark Winter« veröffentlicht wurde – als Information für seine Impfstrategie gegen Covid-19. Das Johns-Hopkins-Papier, zu dessen Autoren der Mitorganisator von Dark Winter, Thomas Inglesby, gehört, argumentiert, dass die bestehenden »passiven Meldesysteme«, die von der CDC und der FDA verwaltet werden, umgerüstet werden sollten, um »ein von der CDC geleitetes aktives Sicherheitsüberwachungssystem zu schaffen, das alle [Covid-19]-Impfstoffempfänger überwacht – möglicherweise durch Kurzmitteilungsdienst oder andere elektronische Mechanismen«. [...] Die extreme Geheimhaltung der

---

170 "Vaccination Credential Initiative: Big Tech Tackles Vaxx Passports", https://www.technocracy.news/vaccination-credential-initiative-big-tech-tackles-vaxx-passports/

171 https://axelkra.us/google-oracle-wollen-amerikaner-die-im-rahmen-der-operation-warp-speed-gegen-covid-19-geimpft-wurden-bis-zu-zwei-jahre-lang-ueberwachen/

Operation Warp Speed hat sich nicht nur auf die FDA, sondern auch auf die CDC ausgewirkt, da ein CDC-Expertengremium, das normalerweise an der Entwicklung der Impfstoffverteilungsstrategien der Regierung beteiligt ist, von Matt Hepburn, dem Impfstoffkoordinator von OWS, »abgeblockt« wurde, der sich unverblümt weigerte, einige der »pointierten Fragen« des Gremiums über die hochgeheime Operation zu beantworten. [...] ***Google ist bekannt für seine innige Beziehung zur NSA, einschließlich ihres PRISM-Programms***, und sie haben auch eine ***von der NSA unterstützte Gesetzgebung gefördert, die es einfacher machen würde, Amerikaner ohne Durchsuchungsbefehl zu überwachen.*** In ähnlicher Weise ***ist Oracle ein langjähriger Auftragnehmer der NSA*** und hat ebenfalls ***Verbindungen zur CIA, die bis in die Anfänge des Unternehmens zurückreichen – ähnlich wie Google".***[172]

Die digitalen Impf- bzw. auf der Geimpftheit basierenden Reiseässe passen auch auf wunderbare Weise zu den Absichten des Weltwirtschaftsforums (WEF), das "von einer langen Liste von Multimillionären und Milliardären unterstützt wird, darunter Joe Biden, John Kerry, Bill Gates, Klaus Schwab, Michael Bloomberg, George Soros, Warren Buffet und anderen Gurus einer neuen »Eine-Welt«-Ordnung".[173]

"Denken Sie daran", warnt Hohmann, der »Great Reset« ist nur ein Rebranding der altbekannten »Neuen Weltordnung«, die sich 2015 als Agenda 2030 für nachhaltige Entwicklung der Vereinten Nationen und davor als Agenda 21 präsentierte. Das Ziel war, alle Dinge zu messen, zu überwachen, zu inventarisieren und zu kontrollieren, einschließlich jedes menschlichen Wesens auf dem Planeten. **Das Bestreben, jeden Menschen auf der Erde zu impfen**, ist ein großer Schritt zur Erreichung dieser Ziele".[174]

Kein Wunder also, wenn ein Gates, der zusammen mit der Johns Hopkins-Universität und Schwabs Weltwirtschaftsforum das "Event 201" sponsorte, sich

---

[172] ebda., Hervorhebungen durch mich.

[173] "Globale Konzerne führen »digitale Pässe« ein, die die Impfstoffhistorie mit persönlichen IDs verknüpfen: Was kommt als nächstes unter dem »Great Reset«?", https://axelkra.us/globale-konzerne-fuehren-digitale-paesse-ein-die-die-impfstoffhistorie-mit-persoenlichen-ids-verknuepfen-was-kommt-als-naechstes-unter-dem-great-reset-leo-hohmann/

[174] a.a.O., Hervorhebung durch mich.

in einem Interview mit den ARD-"Tagesthemen" dahingehend äußerte, letztendlich müßten alle Menschen auf diesem Planeten geimpft werden.

Gates hat übrigens - über seine Firma Microsoft - auch ein ganz spezielles Patent eingereicht. Darin wird ein Kryptowährungssystem vorgeschlagen, das mit menschlicher Körperaktivität gekoppelt werden soll. Nein, Sie haben sich nicht verlesen. Das internationale Patent wurde am 20. Juni 2019 eingereicht, auf US-nationaler Ebene am 21. September 2018. Wie auf der Webseite der "World Intellectual Property Organization" zu diesem Patent mit der Nummer **WO/2020/060606** nachzulesen ist, kann

"Die menschliche Körperaktivität, die mit einer einem Benutzer bereitgestellten Aufgabe verbunden ist, [...] in einem Mining-Prozess eines Kryptowährungssystems verwendet werden. Ein Server kann eine Aufgabe für ein Gerät eines Benutzers bereitstellen, das kommunikativ mit dem Server verbunden ist. Ein Sensor, der kommunikativ mit dem Gerät des Benutzers gekoppelt oder in diesem enthalten ist, kann die Körperaktivität des Benutzers erfassen. Körperaktivitätsdaten können basierend auf der erfassten Körperaktivität des Benutzers erzeugt werden. Das kommunikativ mit dem Gerät des Benutzers gekoppelte Kryptowährungssystem kann überprüfen, ob die Körperaktivitätsdaten eine oder mehrere vom Kryptowährungssystem festgelegte Bedingungen erfüllen, und dem Benutzer, dessen Körperaktivitätsdaten überprüft wurden, Kryptowährung zuweisen".[175]

Patrick M. Wood, Autor des Buches "Technocracy: The Hard Road to World Order" ("Technokratie: Der harte Weg zur Weltordnung"), das bislang leider nur auf Englisch vorliegt, beschreibt das weltweite System, das daraus hervorgehen soll, wie folgt:

"Als ressourcenbasiertes Wirtschaftssystem beabsichtigt die »Nachhaltige Entwicklung«, die Kontrolle über alle Ressourcen, die gesamte Produktion und den gesamten Konsum auf dem Planeten Erde zu übernehmen und alle seine Bewohner einer wissenschaftlichen Diktatur zu überlassen".[176]

---

[175] "WO2020060606 - CRYPTOCURRENCY SYSTEM USING BODY ACTIVITY DATA", https://patentscope.wipo.int/search/en/detail.jsf?docId=WO2020060606

[176] https://www.technocracy.news/product/technocracy-the-hard-road-to-world-order/, Übersetzung aus dem Englischen durch mich.

Ob Wood sich dabei eventuell auf ältere Informationen Dr. John Colemans stützt, kann ich nicht beurteilen. Jedenfalls schrieb letzterer schon vor Jahrzehnten:

"Das Wirtschaftssystem soll durch die herrschende Klasse kontrolliert werden, die gerade genug Essen, Güter und Dienstleistungen erlaubt, um die Sklavenarbeitslager betriebsbereit zu halten. Aller Reichtum soll in den Händen der Elitemitglieder des Komitees der 300 gehalten werden".[177]

Da das ominöse "Komitee der 300" in den Zitaten aus Colemans Buch, die ich bereits angeführt hatte, öfter auftauchte, muß ich dazu ein paar Worte verlieren. Ob dieses Komitee wirklich existiert, weiß ich nicht. Das scheint übrigens niemand zu wissen, denn es lassen sich keine hieb- und stichfesten Beweise dazu auftreiben - zumindest ist mir das nicht gelungen, trotz einer nunmehr 26jährigen Recherche zu diesem Themenkomplex. Coleman stützt sich dabei auf eine Aussage des deutschen Industriellen und SPD-Politikers Walther Rathenau (geb. 29. September 1867 in Berlin, gest. 24. Juni 1922 ebendort), der in seinem Buch "Zur Kritik der Zeit" schrieb, "300 Männer" kontrollierten die Wirtschaft Europas. Dieses Zitat wird gerne verkürzt wiedergegeben, daher bringe ich hier einen etwas ausführlicheren Auszug:

"Frühere Generationen, die Männer des industriellen Aufschwunges, konnten sich selbst zu Konquistadoren machen; in unserer Zeit der erstarkenden Organisationen suchen sie selbst sich Nachfolger zu sichern, die mit den geschaffenen Methoden der Führung, der zur Praxis gewordenen Stabskunst, vertraut sind. Sie, die Ergebnisse eines gefährlichen wirtschaftlichen Experiments, einer selbstbetätigten Selektion, wollen das Experiment mit anderen nicht wiederholen; sie richten den Blick nicht auf den Nachwuchs schlechthin, sondern auf den Nachwuchs ihrer Nähe, ihres Kreises, ihrer Nachkommenschaft. Auf dem unpersönlichsten, demokratischsten Arbeitsfelde, dem der wirtschaftlichen Führung, wo jedes törichte Wort kompromittieren, jeder Mißerfolg stürzen kann, wo das souveräne Publikum einer Aktionärversammlung satzungsgemäß über Ernennung und Absetzung entscheidet, hat im Laufe eines Menschenalters sich eine Oligarchie gebildet, so geschlossen wie die des alten Venedig. **Dreihundert Männer, von denen jeder jeden kennt, leiten die wirtschaftlichen Geschicke des Koninents und suchen sich Nachfolger aus ihrer**

[177] Dr. John Coleman, "Die Hierarchie der Verschwörer - Das Komitee der 300", J.K. Fischer Verlag, S. 306.

Umgebung. Die seltsamen Ursachen dieser seltsamen Erscheinung, ***die in das Dunkel der künftigen sozialen Entwicklung einen Schimmer wirft***, stehen hier nicht zur Erwägung."[178]

Was ich an diesem Zitat Rathenaus besonders interessant finde, ist seine Prognose für die Zukunft: Diese Oligarchie, diese Macht- und Herrschaftsstruktur, schrieb er 1922, also vor nunmehr fast 100 Jahren, würfen in das "Dunkel der künftigen sozialen Entwicklung" einen „Schimmer“. Betrachtet man dieses Zitat vor dem Hintergrund der Tatsache, daß sich auch heute eine oligarchische oder plutokratische Machtstruktur - natürlich mit anderen Dramatis Personae als damals, obwohl es durchaus einige historische Kontinuitäten gibt, nämlich dynastische, so z.B. bei den Rockefellers - die Zukunft des Planeten zu gestalten anschickt und die Welt "neu zu denken" versucht, gewinnen Rathenaus Worte vielleicht mehr Klarheit ... fest steht jedenfalls, daß diese elitären oder elitistischen Kreise nun tatsächlich die künftige soziale Entwicklung zu ändern versuchen, und zwar mit Siebenmeilenschritten.

Die Finanzanalystin Catherine Austin-Fitts spricht ebenfalls von einem "System der Sklaverei", das installiert werden solle. Einem System, in dem so gut wie alle menschlichen Aktivitäten überwacht - und im Falle einer Abweichung von erwünschtem Sozialverhalten - mit Strafen belegt werden können.

"Ich würde COVID-19 beschreiben als … die Einrichtung der Kontrolle, die notwendig ist, um den Planeten von demokratischen Prozessen in eine Technokratie zu verwandeln. Was wir beobachten, ist eine Veränderung der Kontrolle und die Konstruktion neuer Kontrollsysteme. Betrachten Sie dies als einen Staatsstreich".[179]

Fitts spricht auch über die soeben erwähnte Verknüpfung individueller menschlicher Aktivität mit einem digitalen Kontroll- und Überwachungssystem (siehe Patent WO/2020/060606), einem, das Menschen mit einer Art "Cloud" verknüpft. Sie bezieht sich dabei auf die sogenannte "Transhumanistische Agenda", die Verschmelzung von Mensch und Maschine, über die übrigens auch Schwab in seinem Buch "Covid-19: The Great Reset" spricht.

---

[178] Walter Rathenau, "Zur Kritik der Zeit", S. Fischer Verlag, Berlin 1922, S. 206-207, Hervorhebungen durch mich.

[179] "Der Plan für ein globales System der Sklaverei", https://axelkra.us/der-plan-fuer-ein-globales-system-der-sklaverei/

"Im Grunde geht es darum, ***Menschen in Verbindung mit ihren finanziellen Transaktionen digital zu identifizieren und zu verfolgen.*** Also, es ist eine Welt mit Null Privatsphäre. Aber was noch wichtiger ist … wenn Sie dann eine oder mehrere Zentralbank-Kryptos einführen, sprechen Sie jetzt über ein System, in dem jede Zentralbank der Welt Sie individuell von Transaktionen ausschließen kann, wenn ihnen Ihr Verhalten nicht gefällt. Viele Menschen sind mit dem Sozialkreditsystem in China vertraut. Es ist sehr ähnlich. Wenn Sie ein Smart Grid in ihrem Auto, ihrer Gemeinde und jetzt buchstäblich in ihrem Körper installieren, haben Sie eine 24/7-Überwachung, und wenn die Leute nicht tun, was Sie sagen und sich nicht so verhalten, wie Sie es wollen, können Sie ihnen das Geld abdrehen. Sie haben auch eine räumliche Kontrolle. Wenn Sie sagen, die Leute können nicht mehr als 5 Meilen reisen, das war's, weil sie in einem kompletten digitalen Kontrollsystem sind … Also, dieses System brächte nicht nur die Kontrolle Ihrer Fähigkeit, Finanztransaktionen zu tätigen, mit sich … sondern auch sehr ausgeklügelte Gedankenkontrolle durch die Medien und diese Cloud-Verbindungen. Also, Transhumanismus und Technokratie gehen Hand in Hand. Ich würde dies als ein Sklaverei-System beschreiben. Wir sprechen über den Übergang von der Freiheit, in der wir uns frei bewegen und sagen können, was wir wollen, zu einem kompletten Kontrollsystem rund um die Uhr".[180]

Der amerikanische Arzt Dr. Bill Sardi sprach in einem auf der Webseite des libertären politischen Kommentators und Aktivisten Lew Rockwell veröffentlichten Artikel von den "transhumanistischen", invasiven Methoden der Überwachung und Kontrolle von Menschen, und zwar mit Blick auf den Impfstoff der Pharmafirma "Moderna":

"Nehmen Sie die finstere Technologie der DARPA (Defense Advanced Research Projects Agency), ihr ziviles Pendant BARDA (Biomedical Advanced Research & Development), die Heimlichkeit der Nanotechnologie, das von der Gates Foundation finanzierte »Quantum Dot Tattoo« alias »Mark of the Beast«, und kombinieren Sie es mit Mikronadeln als Impfplattform, die so konzipiert ist, wie Schlangen ihr Gift in ihre Beute injizieren, und mit Nanogelen, die eine Verbindung zu externen Technologien ausserhalb Ihres Körpers herstellen können, wie Smartphones, der Cloud oder anderen intelligenten Geräten (5G von Satelliten) – und was erhalten Sie? Die Antwort: Modernas neuen RNA-Impfstoff gegen das COVID-19-Coronavirus. [...] Dr. Madej stellt fest, daß der Impfstoff

---

[180] a.a.O.

von Moderna ein Luziferase-Enzym enthält, das nicht nur die RNA-Reprogrammierung eines Antigens erleichtert, sondern auch biolumineszierende Eigenschaften (Leuchten) hat, die eine Bestätigung, geimpft worden zu sein, erleichtern könnte, indem, sagen wir, Ihre Injektionsstelle gescannt wird, um »das leuchtende Enzym wie einen Strichcode zu lesen«, erklärt Dr. Madej".[181] Ob es wirklich soweit kommen wird, sei dahingestellt. Fest steht allerdings, daß es solche Enzyme tatsächlich gibt, also "Luziferasen" - was ich nur erwähnt haben wollte, falls manchen der Name etwas dubios vorkommt.[182]

Zurück zu den Reisebeschränkungen für alle, die keinen solchen "Impf-" bzw. "Gesundheitspass" vorweisen können. Diese lassen Menschen natürlich nur schwer verkaufen, da es sich zweifellos um drastische Einschnitte in ihre individuellen Freiheitsrechte handelt - man könnte fast von einer "indirekten Impflicht" sprechen. Eine direkte, also von "oben herab" autoritär befohlene, hätte gewiß einen schlechten Stand. Unter dem Vorwand der "Gesundheitsfürsorge" sähe das allerdings schon anders aus; dann würden sicher viel mehr Menschen es als angebliche "Notwendigkeit" akzeptieren. Umformuliert: Wird hier womöglich "über Bande" gespielt? Und falls ja, inwiefern? Mit "über Bande" meine ich, daß in den letzten Wochen (bevor ich dieses Buch verfaßte), immer wieder Meldungen in der Presse zu lesen waren, denen zufolge es eine "Impfstoffknappheit" gäbe. Ist das belegt? Hat irgendjemand einen hieb- und stichfesten Nachweis dafür, daß es diese Knappheit tatsächlich gibt? Oder will man - das ist zumindest meine Vermutung - diese möglicherweise nur massenmedial behauptete (oder industriell gezielt erzeugt?) Knappheit vielleicht dazu nutzen, a) die Lockdowns unter dem Argument einer Gefährdung der "Öffentlichen Gesundheit" verlängern zu können, um die Reduktion der Wirtschaftstätigkeit auf Basis der Deindustrialisierungs-Agenda (postindustrielles Nullwachstumstheorem), siehe dazu auch die bereits zitierte Äußerung von Jacques le Lerosiére vom 30.9.1979 ("... Neuordnung der Welt auf Kosten einer ***Schrumpfung des Arbeitsniveaus und des Lebens in den industrialisierten Ländern.***") durchdrücken zu können?[183] Vor allem wäre zu fragen: Ist eine Impfung *wirklich nötig*? Doch dazu gleich mehr.

---

181 "Der Impfstoff aus der Hölle", https://axelkra.us/the-vaccine-from-hell-lewrockwell/

182 https://en.wikipedia.org/wiki/Luciferase

183 zitiert nach E.R. Carmin, "Das Schwarze Reich", Verlag Ralph Tegtmeier, S. 382

Auch haben einige Politiker und Journalisten aus dem Mainstream bereits dafür plädiert, Geimpften mehr Rechte als Ungeimpften einzuräumen - eine Forderung, die allerdings - und zum Glück! - breit diskutiert wird und höchst umstritten ist. So schrieb Mark Schieritz in der "Zeit": "Wer sich nicht gegen das Coronavirus impfen lässt, gefährdet Menschenleben und schadet uns allen. Es braucht Sonderrechte für Geimpfte".[184] Und Markus Blume, Generalsekretär der CSU, sagte, "Impfen sollte zur patriotischen Selbstverständlichkeit werden".[185] "Die Corona-Eingriffe von Bund und Ländern" seien "noch viel zu zaghaft", befand er.

Woher nimmt Schieritz eigentlich diese Erkenntnis? Steht die Wirksamkeit der bislang entwickelten Impfstoffe gegen Covid-19 überhaupt fest, gibt es hierzu verläßliche Daten? Auch zu dieser Frage waren bereits viele kritische Stimmen zu vernehmen. Um es gleich klarzustellen, falls manche Leser diesen Verdacht haben sollten: Ich gehöre nicht zu den Leuten, die die moderne Wissenschaft in Bausch und Bogen ablehnen und glauben, man könne sämtliche Krankheiten der Welt mit zerstampften Rosenblüten, Veilchenöl oder durch Handauflegen heilen. Jeder, der schonmal unter heftigen Zahnschmerzen litt, war über ein patentes Schmerzmittel sicher froh - dessen Einnahme ihn auch sicher nicht umbrachte. Und was mich betrifft, so mußte ich im Mai 2020 aufgrund einer langsam in ihre Einzelteile zerfallenden Gallenblase, begleitet von einer schleichenden Blutvergiftung, bei "Nacht und Nebel" vom Notarztwagen ins Krankenhaus gebracht und drei Stunden operiert werden. Danach war ich dankbar für die Errungenschaften der zeitgenössischen Medizin. Sehr.

Pauschalkritik ist natürlich zu undifferenziert und steht nicht selten auf dünnen Argumentationsfüßen. Das ändert natürlich nichts an der Tatsache, daß es gerade beim Thema Impfen zurecht heftige Kontroversen gab - schon wegen der nachgewiesenen Skandale, die tatsächlich Menschen schädigten und deren Auswirkungen in manchen Fällen sogar verschleiert werden sollten, weil viel Geld im Spiel war. "Big Pharma", also die Pharma-Industrie, wird nicht ganz zu Unrecht auch als "Pharma-Mafia" bezeichnet. Ihr Einfluß ist gewaltig, und durch Korruption und Bestechung z.B. führender Politiker wurde schon so manches

---

[184] "Einlass nur für Geimpfte", https://www.zeit.de/gesellschaft/2020-12/corona-impfung-debatte-freiwillig-pflicht-herdenimmunitaet-impfpass-impfverweigerer-eigenverantwortung

[185] https://www.welt.de/politik/deutschland/plus221209618/Corona-Impfen-sollte-patriotische-Selbstverstaendlichkeit-werden.html

Gesetz bezüglich der "Öffentlichen Gesundheit" durchgedrückt - nicht auf wirklich solider wissenschaftlicher Basis, sondern aus finanziellen Gründen. Obendrein war die Wirksamkeit solcher Medikamente oder Impfstoffe dann auch nicht zufällig umstritten. Das kann man nicht einfach ausblenden, auch wenn in den Mainstream-Medien gerade im Kontext von Covid-19 oft behauptet wird, sämtliche Kritik daran wäre einfach "Impfskepsis" oder - Sie ahnen es schon - "Verschwörungsspinnerei". Der Großteil der veröffentlichten Artikel des Mainstreams hierzu tut gerade so, als gäbe es überhaupt nichts zu befürchten: Alles kein Problem, Impfen ist sicher und hilft. Hier hilft nur intensive Recherche und vor allem ein nüchterner Verstand, der sich von keiner der beiden Seiten - also den extremen "Impfskeptikern" und den extremen - ich nenne sie jetzt mal - "Impfverharmlosern" kirre machen läßt. Bei dermassen komplexen Themen führen einseitige, gar radikale Einstellungen nicht sehr weit.

Dr. theol. habil. Elisabeth Roth schrieb zur Impfthematik wenig Erfreuliches: "Die WHO verschweige skrupellos Impfungen mit enorm hohen Todesfolgen, bzw. sie ändere nichts daran. Dänische Forscherteams hatten von 1990-1996 15.000 Frauen und Neugeborene untersucht. Von den Kindern, »die die Vierpack-Impfung bekommen hatten, starben doppelt so viele« wie nicht geimpfte. Die offiziell bekannt gegebenen Zahlen zu den Impfschäden sind, nachweislich manipuliert, nicht realistisch. [Buchwald 2008 zeigt die getricksten Statistiken auf, die die Wirksamkeit des Impfens vor Augen »führen« sollen, und daß die Medizin nicht die exakte Wissenschaft ist, die sie glauben machen will. Ebenso sind zu jeder Impfung die typisch langjährigen Schadensfälle aufgelistet. Sie finden juristisch keine Anerkennung wegen der meist pharma-parteilichen Gutachter und des fehlenden lückenlosen Nachweises. Dazu müßte die Spritze noch immer Körper stecken, derweilen sich die Schädigung körperlich niederschlägt, laut Ausführungen der Mediziner Chr. Plothe und K. Hartmann. Offizielle Zahlen zu Impfschäden sind total unrealistisch, so Christof Plothe. [...] Die sog. Hilfsstoffe, die Emulgatoren, halten die eigentlichen Impfstoffe flüssig. Jene werden bei der Zulassung nicht genügend berücksichtigt. Sie sind nanowinzig genug, die Zellwände zu durchdringen und das Erbgut zu schädigen. Zu diesen Hilfsstoffen gehört u.a. Aluminium. Das ist kaum bekannt. Die Zusammensetzung ist gut gehütetes Geschäftsgeheimnis! Recht auf Preisgabe besteht nicht. [...] Was faktisch gespritzt wird, weiß nur der pharmazeutische Erzeuger. Es findet keine neutrale Prüfung des Serums statt, auch nicht nach den prekären Peinlichkeiten und besonders nach den vielfachen Todesfällen. [...] Mitte der 1970er Jahre gab es bereits 4-6 Impfungen. Heute laufen sie auf zu vierzig im ersten Lebensjahr. Zum Phänomen der Impfung dürfte Folgendes wenig bekannt sein:

»Die spanische Gruppe von 1918 hatte nichts Spanisches. Sie stammt von amerikanischen Soldaten, die mit einem Versuchsimpfstoff verseucht waren ... Menschen, die blind gehorchen, sind Soldaten«. Sie waren derzeit mit Impfungen versehen. »Einige von ihnen starben in den USA. Andere sagten, sie seien zu krank, um in den Krieg zu ziehen. Und die, die nicht zu krank waren, zogen in den Krieg und verbreiteten es überall. Das Golfkriegssyndrom ist ebenfalls eine dieser Erscheinungen«. Es sind Soldaten oder Gefängnisinsassen, »die oft für Impfungen oder Gedankenexperimente genommen werden«. Diese Aussage wie weitere Aussagen einer sehr mutigen, sich selbst verteidigenden Medizinerin (in ehemals leitenden Positionen) konnten in einem Prozeß vor einem US-Gericht nicht widerlegt werden. Das Urteil hat zugleich eingeräumt: Das Gesundheitssystem dient nicht der Gesundheit, vielmehr der Krankheit, weil es vom mafiosen Pharmasystem beherrscht wird.

»Die industriellen und militärischen Interessen«, so die Ärztin, seien die »eigentlich anführenden Profiteure«. Dahinter stecke eine »unheimlich mächtige Finanzelite, die diese Welt seit Jahrzehnten regiert. Sie ist das Gesundheitsministerium der Weltregierung ... Auf dieser Ebene« werden die »Entscheidungen« der Vereinten Nationen getroffen oder »***eine Pandemie.*** Das Gesundheitsministerium macht nichts anderes, als das auszuführen, was die WHO angibt.« Die Anweisungen werden von »ganz oben gegeben und bis unten durchgezogen; so vermittelt sich stets nur ein kleiner Schritt. Das wahre Ziel bleibt verborgen.« [...] **Um durch die mafiose Art, wie dieses System funktioniert, durchzublicken, habe sie 25 Jahre gebraucht.** In dieser Zeit war sie Leiterin mehrerer Kliniken in den USA und Kanada. Sie schreibt in ihrem Buch 2002: »The Medical Mafia ist all-powerful, a unique system, and the same all over the world«. [...] Sie stellt die große Hilfe eines deutschen Arztes heraus. Ihn hatte sie als »unabhängigen Experten« gebeten, zu ihrer Verteidigung zu fungieren gegenüber der Voreingenommenheit des Gerichtes und der Regierungsvertreter. Er bestätigte: Mit der Impfung zerstören wir »die Intelligenz unserer nachfolgenden Generationen«."[186]

---

[186] Elisabeth Roth, "Und führe uns ... zur Schein-Mensch-Bildung", Shaker Verlag 2017„ S. 85-89, Hervorhebung durch mich.

Frau Doktor kann sich trösten. Auch ich studiere diese Zusammenhänge seit nunmehr 26 Jahren - habe aber das Gefühl, immer noch mehr oder weniger nur an der Oberfläche zu kratzen. Das ist bei einem Themenkomplex dieser Dimension unvermeidlich.

Wie sieht es nun mit den Covid-19-Impfstoffen aus? Schließlich wurden sie mit beispielloser Geschwindigkeit entwickelt, sehr viel schneller als üblich. Statt, wie üblich, viele Jahre an Prüfprozessen bzw. Langzeitstudien zu durchlaufen, wurden sie in knapp einem Jahr entwickelt und sollen nun den "Massen" verabreicht werden.

Dazu schrieb Iain Davis auf dem alternativen Portal "Off Guardian": "Die COVID 19-Impfstoffstudien scheinen einige Verwirrung gestiftet zu haben. Hoffentlich kann dieser Artikel dazu beitragen, die Dinge ein wenig zu klären. Die Menschen scheinen wirklich zu glauben, daß die COVID 19-Impfstoffe klinische Studien durchlaufen und sich als sicher und wirksam erwiesen hätten. Diese Annahme ist einfach falsch. Der wichtigste Punkt ist folgender. Wenn Sie sich für den experimentellen mRNA-basierten BNT162b2-(BNT)-Impfstoff von Pfizer und BioNTech entscheiden oder für irgendeinen anderen angeblichen COVID 19-Impfstoff, dann sind Sie eine Versuchsperson in einer Medikamentenstudie. Die mRNA im BNT-Impfstoff wurde aus der 3. Iteration des ursprünglich von Wuhan veröffentlichten Genoms von SARS-CoV-2 (MN908947.3) sequenziert. Die WHO-Protokolle, die Pfizer zur Herstellung der mRNA verwendet hat, scheinen jedoch keine Nukleotidsequenzen zu identifizieren, die einzigartig für das SARS-CoV-2-Virus wären. Als die Ermittlerin Fran Leader bei Pfizer nachfragte, wurde dies bestätigt: »Die DNA-Vorlage stammt nicht direkt von einem isolierten Virus aus einer infizierten Person«. Es gibt auch keine abgeschlossenen klinischen Studien für diese Impfstoffe. Die Studien laufen noch. Wenn Sie geimpft werden, sind Sie das Versuchskaninchen. Das mag für Sie in Ordnung sein, aber es ist kein Akt des Glaubens, den ich oder meine Angehörigen eingehen möchten".[187]

"Kürzlich berichtete die britische »Financial Times«, daß die britischen Aufsichtsbehörden (die MHRA) Astrazeneca/Oxfords AZD1222 [ChAdOx1] COVID 19-Impfstoff genehmigen sollen", so Davis weiter. "Die 1,2,3-Phasenstudie für AZD1222 wurde beim »U.S. Centre for Disease Control« als

[187] "Welche Impfstoff-Studien?", https://axelkra.us/welche-impfstoff-studien-offguardian/

klinische Studie NCT04516746 registriert [Archiviert am 29. Dezember 2020]. Sie ist unvollständig und *das geschätzte Enddatum ist der **21. Februar 2023***". [...] Die Tatsache, daß es keine abgeschlossenen klinischen Studien für den Impfstoff von Pfizer und BioNTech BNT gibt, erklärt auch, warum die FDA informiert: »Zusätzliche Nebenwirkungen, von denen einige schwerwiegend sein können, können bei einer breiteren Anwendung des Covid-19-Impfstoffs von Pfizer und BioNTech auftreten«."[188]

Johnny Vedmore trug in einem Artikel auf der Webseite "Unlimited Hangout" ebenfalls interessante Informationen dazu zusammen: "Nichtklinische Daten lassen auf der Grundlage einer konventionellen Studie zur Toxizität bei wiederholter Verabreichung keine besondere Gefahr für den Menschen erkennen, aber Tierstudien zur potenziellen Toxizität für Reproduktion und Entwicklung wurden nicht abgeschlossen. Die Tierversuche sind noch nicht abgeschlossen, und wie im vorherigen Abschnitt erwähnt, werden die Daten zu diesen Tierversuchen erst in 9 Monaten vorliegen. Es ist natürlich eine sehr seltene Entscheidung, eine experimentelle medizinische Technologie zuzulassen, bevor irgendwelche Tierversuche abgeschlossen sind. Dies sollte für jeden frei denkenden Mann und jede frei denkende Frau ein großer Grund zur Sorge sein. Die Tatsache, daß sie in diesen Studien so genannte »nicht-klinische« Daten verwenden mussten, steht auch im Widerspruch zur Behauptung, die Studien seien nach höchsten professionellen Standards durchgeführt worden. Das Dokument versäumt es auch, klar zu definieren, was nicht-klinische Daten eigentlich bedeuten".[189]

"Man kann mit Fug und Recht behaupten, daß die Dinge erst dann wieder wirklich normal werden, wenn wir einen Impfstoff haben, den wir im Grunde der ganzen Welt verabreicht haben." - Bill Gates zufolge.[190]

---

[188] ebda., Hervorhebung durch mich.

[189] "10 Fakten aus der Pfizer-Impfstoff-Richtlinie der britischen Regierung, die die »Impfmüdigkeit« fördern", https://axelkra.us/10-fakten-aus-der-pfizer-impfstoff-richtlinie-der-britischen-regierung-die-die-impfmuedigkeit-foerdern-johnny-vedmore/

[190] https://www.youtube.com/watch?v=jXHikITwlng

"Realistisch betrachtet, wird COVID-19 die nächsten 18 Monate oder länger hier sein. Wir werden nicht in der Lage sein, zur Normalität zurückzukehren, bis wir einen Impfstoff oder wirksame Medikamente finden." - Dr. Zeke Emanuel[191]

"Das einzige, was das Leben, wie wir es einmal kannten, wirklich wieder möglich macht, ist ein Impfstoff." - Norman Swan[192]

"Dies wird die neue Normalität sein, bis ein Impfstoff entwickelt wird." - Justin Trudeau[193]

Der bekannte Enthüllungsjournalist James Corbett schrieb über die "Zukunft der Impfstoffe":

"So unglaublich dieser überstürzte Vorstoß ist, der Mehrheit der Weltbevölkerung einen experimentellen Impfstoff aufzudrängen, so unglaublich wäre es auch, sollte sich herausstellen, daß es sich bei den Impfstoffen von Moderna und Pfizer in Wirklichkeit nicht um »Impfstoffe« handelt, wie sie von der Allgemeinheit verstanden werden. Sie sind mRNA-Impfstoffe, eine neuartige Methode der Impfung, die noch nie zuvor für den menschlichen Gebrauch zugelassen wurde. [...] Alle Fragen zu dieser überstürzten, experimentellen Impfstofftechnologie werden von den Pharmaherstellern und der Konzernpresse, die von ihren Werbedollars lebt, als »Anti-Vax-Fehlinformation« bezeichnet und aktiv zensiert. Aber trotz der Ausrede, daß die Opposition gegen den Impfstoff nur von unwissenden Mitgliedern der Öffentlichkeit käme, die sich Sorgen machten, »mit Microchips injiziert zu werden«, gibt es echte Bedenken über die langfristige Sicherheit dieser Impfstoffe, die aus der wissenschaftlichen Gemeinschaft kommen, und sogar von Whistleblowern aus den Reihen der Big Pharma-Hersteller selbst. [...] Bevor das kombinierte Gewicht der Pharmahersteller, der globalen Gesundheitsgremien, der Regierungen und der Konzernmedien jegliche Fragen zu diesem beispiellosen Ansturm auf einen weltweit verbreiteten, experimentellen Impfstoff unterdrückte, gab es weit verbreitete Rufe zur Vorsicht aus dem Herzen der wissenschaftlichen Gemeinschaft. Sogar Mainstream-Publikationen wie »Scientific American« sahen sich bereits im Juni dieses Jahres

---

191 https://www.youtube.com/watch?v=pP3-hE-DrSc
192 https://www.youtube.com/watch?v=NcHjrI-zl44
193 https://www.youtube.com/watch?v=h7B0scj77zM

gezwungen, darauf hinzuweisen, daß die Art und Weise, wie der COVID-19-Impfstoff in aller Eile auf den Markt gebracht wird, Anlass zur Sorge gibt:

»Die Verkürzung der Testzeiträume und Zulassungen kann uns alle unnötigen Gefahren im Zusammenhang mit dem Impfstoff aussetzen. Während präklinische Studien zur Bewertung der potenziellen Sicherheit und Wirksamkeit von Impfstoffkandidaten wahrscheinlich Zehntausende von Patienten einschließen werden, ist noch unklar, ob diese Zahl groß genug sein und eine Studie lange genug dauern wird, um die Sicherheit eines Medikaments zu bewerten, das so vielen Menschen verabreicht werden würde. Allein die USA planen, Hunderte von Millionen Menschen mit dem ersten erfolgreichen Kandidaten zu impfen. Ein schwerwiegendes unerwünschtes Ereignis pro Tausend eines Impfstoffs, der 100 Millionen Menschen verabreicht wird, bedeutet einen Schaden für 100.000 ansonsten gesunde Menschen«.

[...]

Aber noch grundlegender als diese besonderen Sicherheitsbedenken über diese Impfstoffe ist die Art und Weise, in der diese fanatische, rücksichtslose und beispiellose überstürzte Eile, die Impfstoffe (möglicherweise sogar verpflichtend) Milliarden von Menschen weltweit -Frauen und Kindern, Jungen und Alten, Gesunden und Kranken gleichermaßen – aufzudrücken, einen der gefährlichsten Präzedenzfälle in der Geschichte der Menschheit im Bereich der öffentlichen Gesundheit darstellt, ein Präzedenzfall, der droht, unsere wertvollsten Freiheiten mit Blick auf die Gesundheit im Namen eines durch Panik induzierten »Notfalles« zu untergraben. ***Eine dieser Kernfreiheiten ist die Möglichkeit, ein medizinisches Experiment abzulehnen, eine Freiheit, die im Nürnberger Kodex von 1947 anerkannt wurde und im internationalen Pakt über bürgerliche und politische Rechte verankert ist***, der besagt, daß „niemand ohne seine freie Zustimmung medizinischen oder wissenschaftlichen Experimenten unterworfen werden darf".[194]

Das Verweis auf die Nürnberger Gesetze ist ein ganz wesentlicher Punkt, mit dem man der von der Politik zuweilen schon angedachten "Impfpflicht" wirksam begegnen kann. Wie Corbett und viele andere Kommentatoren richtig anmerkten, handelt es sich nämlich - entgegen anderslautender Behauptungen der

---

[194] "Die Zukunft der Impfstoffe", https://axelkra.us/die-zukunft-der-impfstoffe-the-corbett-report/, Hervorhebung durch mich.

Mainstreampresse - um einen ***experimentellen*** Impfstoff - und den muß niemand akzeptieren, geschweige denn, daß Menschen dazu von einer Regierung gezwungen werden dürften. In Deutschland haben einige Juristen auch schon darauf hingewiesen, warum eine solche "Impfpflicht" rechtlich unhaltbar wäre.[195] Andere wiederrum behaupteten, eine solche Pflicht wäre durchaus umsetzbar. Ich bin zwar kein Jurist, aber selbst als "Laie" kann ich mit Sicherheit sagen, daß dem nicht so ist - aus eben erwähnten Gründen. Deshalb ist es auch so wichtig, sich die nötigen Informationen über die Covid-19-Impfstoffe zu beschaffen, vor allem die Tatsache, daß es sich um experimentelle Präparate handelt; daß über die Langzeitfolgen noch nichts bekannt ist; daß die tatsächliche Wirksamkeit noch nicht wirklich erwiesen ist; und als wichtigsten Punkt, inwiefern man bei Covid-19 überhaupt von einer echten Pandemie sprechen kann, statt von einer "Test-" oder "Infektionszahlen-Pandemie", die, wie Sie in den letzten Kapiteln erfahren haben, auf dem RT-PCR-Test beruhen, der streitbar ist.

Ein Redakteur des Magazins "Forbes", Walter Hasseltine, merkte zu den Impfstoff-Studien an: "Diese Studien scheinen darauf ausgelegt zu sein, die Wirksamkeit ihrer Impfstoffe zu beweisen, auch wenn die gemessenen Effekte minimal sind".[196]

Außer den angesprochenen RNA-Impfstoffen waren auch schon DNA-Impfstoffe im Gespräch. Worum handelt es sich dabei? Bei der Verabreichung von DNA-Impfstoffen würde nicht mRNA, sondern DNA in den Körper injiziert. Nach Aufnahme der DNA in den Körper begönnen die natürlichen Stoffwechselprozesse der Zellen damit, Proteine auf Basis des in der DNA enthaltenen genetischen Codes herzustellen. Geht man die dazu verfügbaren Schriften der Mainstream-Wissenschaft durch, wird man schnell feststellen, daß

---

195 "Staatsrechtler zerpflücken Corona-Impfverordnung der Regierung", https://www.aerztezeitung.de/Politik/Staatsrechtler-zerpfluecken-Corona-Impfverordnung-der-Regierung-416136.html; "Kampf gegen Covid-19: Ein Jurist erklärt, warum Arbeitgeber keine Corona-Impfung von Angestellten verlangen dürfen", https://www.businessinsider.de/wirtschaft/kampf-gegen-covid-19-ein-jurist-erklaert-warum-arbeitgeber-keine-corona-impfung-von-angestellten-verlangen-duerfen-e/

196 "Covid-19 Vaccine Protocols Reveal That Trials Are Designed To Succeed", https://www.forbes.com/sites/williamhaseltine/2020/09/23/covid-19-vaccine-protocols-reveal-that-trials-are-designed-to-succeed/?__twitter_impression=true&sh=50e452555247

überall auf die möglichen Risiken hingewiesen wird, ja sogar potenziell katastrophale Folgen für den menschlichen Organismus. Sogar die Pharmafirma "Moderna", die von Gates und der von diesem finanziell unterstützten Organisation "GAVI - The Vacccine Alliance" Fördermittel erhält, gibt in ihren eigenen Studien zu, daß "DNA-Impfstoffe das Risiko haben, die DNA einer Person dauerhaft zu verändern".[197]

Dr. med J. Bart Classen sprach in seinem Artikel „COVID-19 RNA Based Vaccines and the Risk of Prion Disease“, erschienen auf „Principia Scientific International“, den ich für meine Webseite übersetzt habe[198], gar eine düstere Warnung aus:

„Es wurde festgestellt, dass Impfstoffe eine Vielzahl von chronischen, sich spät entwickelnden unerwünschten Ereignissen verursachen. Einige unerwünschte Ereignisse wie Typ-1-Diabetes **können erst 3-4 Jahre nach der Verabreichung eines Impfstoffs auftreten**. Im Beispiel des Typ-1-Diabetes kann die Häufigkeit der unerwünschten Ereignisse die Häufigkeit der schweren Infektionskrankheiten übersteigen, die der Impfstoff verhindern sollte. Da Typ-1-Diabetes nur eine von vielen immunvermittelten Krankheiten ist, die potenziell durch Impfstoffe ausgelöst werden können, sind chronische, spät auftretende unerwünschte Ereignisse ein ernstes Problem für die öffentliche Gesundheit. **Das Aufkommen neuer Impfstofftechnologien schafft neue potenzielle Mechanismen für Impfstoffnebenwirkungen**. Zum Beispiel verursachte der erste abgetötete Polio-Impfstoff tatsächlich Polio bei den Empfängern, weil der hochskalierte Herstellungsprozess das Polio-Virus nicht effektiv abtötete, bevor es den Patienten injiziert wurde. Impfstoffe auf RNA-Basis bieten besondere Risiken für die Auslösung spezifischer unerwünschter Ereignisse.

Ein solches potenzielles unerwünschtes Ereignis sind Prionen-basierte Krankheiten, die durch die Aktivierung von intrinsischen Proteinen zur Bildung von Prionen verursacht werden. Es wurde eine Fülle von Erkenntnissen über eine

---

[197] https://axelkra.us/wp-content/uploads/2020/11/RNA_Vaccines_White_Paper_Moderna_050317_v8_4.pdf

[198] „COVID-19-RNA-basierte Impfstoffe und das Risiko einer Prionenkrankheit“, https://axelkra.us/covid-19-rna-basierte-impfstoffe-und-das-risiko-einer-prionenkrankheit-principia-scientific-international/, Hervorhebungen durch mich.

Klasse von RNA-bindenden Proteinen veröffentlicht, die nachweislich an der Verursachung einer Reihe von neurologischen Erkrankungen beteiligt sind, einschließlich der Alzheimer-Krankheit und ALS. TDP-43 und FUS gehören zu den am besten untersuchten dieser Proteine. Der RNA-basierte Impfstoff COVID-19 von Pfizer wurde von der US-amerikanischen FDA im Rahmen einer Notfallzulassung ohne Langzeitsicherheitsdaten zugelassen. Aufgrund von Bedenken hinsichtlich der Sicherheit dieses Impfstoffs wurde eine Studie durchgeführt, um festzustellen, ob der Impfstoff möglicherweise eine auf Prionen basierende Krankheit auslösen könnte".

Kurz zur Erklärung: Bei „Prionen" handelt es sich der offiziellen Lehre zufolge um Proteine bzw. Eiweiße, die in zweierlei Form vorliegen können: in normaler, also ungefährlicher bzw. unbedenklicher Struktur (α-Helix-Form) und in einer pathogenen, gesundheitsschädlichen (β-Faltblatt-Form). Die Veränderung der Struktur, oder, wenn man so will, die Umwandlung von der α-Helix-Form zur β-Faltblatt-Struktur kann durch vielerlei Faktoren ausgelöst werden, beispielsweise durch umweltbedingte Einflüsse wie bestimmte Giftstoffe. Dies soll übrigens auch beim sogenannten „Rinderwahn", also BSE, der Fall gewesen sein. Classen fährt fort:

„Veröffentlichte Daten haben gezeigt, dass es mehrere verschiedene Faktoren gibt, die zur Umwandlung bestimmter RNA-bindender Proteine wie TDP-43, FUS und verwandter Moleküle in ihren pathologischen Zustand beitragen können. Diese RNA-Bindeproteine haben viele Funktionen und sind sowohl im Zellkern als auch im Zytoplasma zu finden. Diese Bindungsproteine haben Aminosäurebereiche, Bindungsmotive, die spezifische RNA-Sequenzen binden. Es wird angenommen, dass die Bindung an bestimmte RNA-Sequenzen, wenn sich die Proteine im Zytoplasma befinden, dazu führt, dass sich die Moleküle auf bestimmte Weise falten, was zu einer pathologischen Aggregation und Prionenbildung im Zytoplasma führt. Die aktuelle Analyse zeigt, dass der RNA-basierte Impfstoff gegen COVID-19 von Pfizer viele dieser RNA-Sequenzen enthält, die nachweislich eine hohe Affinität zu TDP-43 oder FUS aufweisen und das Potenzial haben, chronische degenerative neurologische Erkrankungen auszulösen. Die Zinkbindung an das RNA-Erkennungsmotiv von TDP-43 ist ein weiterer Mechanismus, der zur Bildung von amyloidartigen Aggregaten führt.

Das virale Spike-Protein, das von der Impfstoff-RNA-Sequenz kodiert wird, bindet ACE2, ein Enzym, das Zinkmoleküle enthält. Diese Interaktion hat das Potenzial, den intrazellulären Zinkspiegel zu erhöhen, was zur Prionenerkrankung führt. Die anfängliche Bindung könnte zwischen Spike-Proteinen auf der Oberfläche der mit dem Impfstoff transfizierten Zelle und ACE2 auf der Oberfläche einer benachbarten Zelle erfolgen. Es gibt viele weitere potenzielle unerwünschte Ereignisse, die durch die neuartigen RNA-basierten Impfstoffe gegen COVID-19 induziert werden können. Der Impfstoff platziert ein neuartiges Molekül, das Spike-Protein, in/auf der Oberfläche von Wirtszellen. Dieses Spike-Protein ist ein potenzieller Rezeptor für einen anderen, möglicherweise neuartigen Infektionserreger.

Wenn diejenigen, die argumentieren, dass COVID-19 tatsächlich eine Biowaffe ist, Recht haben, dann könnte ein zweites, potenziell gefährlicheres Virus freigesetzt werden, das das Spike-Protein bindet, das auf den Wirtszellen der Impfstoffempfänger zu finden ist. Es gibt keine öffentlich zugänglichen Daten, die Aufschluss darüber geben, wie lange die Impfstoff-RNA im Impfstoffempfänger translatiert wird und wie lange das Spike-Protein nach der Translation in den Zellen des Empfängers vorhanden sein wird. [...] Die Zulassung eines Impfstoffs, der eine neuartige RNA-Technologie verwendet, ist ohne umfangreiche Tests extrem gefährlich. Der Impfstoff könnte eine Biowaffe sein und sogar noch gefährlicher als die ursprüngliche Infektion".

Dr. Mike Yeadon, ehemaliger Vizepräsident des Pharmariesen Pfizer, äußerte sich ebenfalls äußerst besorgt:

„Wenn man einen bedeutenden Teil der Welt entvölkern wollte, und zwar auf eine Art und Weise, die nicht die Zerstörung der Umwelt mit Atomwaffen oder die Vergiftung aller mit Milzbrand oder so etwas erfordern würde, und man wollte eine plausible Bestreitbarkeit, während man eine mehrjährige Infektionskrankheitskrise hatte; ich glaube nicht, dass man mit einem besseren Arbeitsplan aufwarten könnte, als das, was vor mir zu liegen scheint. Ich kann nicht sagen, dass es das ist, was sie tun werden, aber ich kann mir keine gutartige Erklärung vorstellen, warum sie es sonst tun sollten.

[...]

Im letzten Jahr habe ich erkannt, dass meine Regierung und ihre Berater dem britischen Volk über alles, was mit diesem Coronavirus zu tun hat, ins Gesicht lügen. Absolut alles. Es ist ein Trugschluss, diese Idee der asymptomatischen Übertragung und dass man keine Symptome hat, aber eine Quelle für ein Virus sein soll.

Oder dass Lockdowns funktionieren, dass Masken einen Schutzwert haben, offensichtlich für Sie oder jemand anderen, und dass Varianten beängstigende Dinge sind und wir sogar internationale Grenzen schließen müssen, falls einige dieser fiesen ausländischen Varianten eindringen.

[…]

Es steht für mich außer Frage, dass sehr bedeutende Machthaber auf der ganzen Welt entweder geplant haben, die nächste Pandemie auszunutzen oder die Pandemie geschaffen haben. Eines dieser beiden Dinge ist wahr, denn der Grund dafür, dass es wahr sein muss, ist, dass Dutzende und Aberdutzende von Regierungen alle die gleichen Lügen erzählen und die gleichen unwirksamen Dinge tun, die nachweislich Leben kosten. […]

Ich denke, das Endspiel wird sein, daß ‚jeder einen Impfstoff erhält' … Jeder auf dem Planeten wird sich selbst Überredungen ausgesetzt sehen, Schmeichelein, nicht unbedingt gezwungen, aber dazu gedrängt, eine Impfung zu nehmen. Wenn sie das tun, wird jedes einzelne Individuum auf dem Planeten, das sich impfen läßt, einen Namen oder eine eindeutige digitale ID und eine Kennzeichnung des Gesundheitszustands haben … und wer auch immer diese eine Datenbank besitzt, die zentral bedienbar ist, überall anwendbar, um zu kontrollieren, um sozusagen ein Privileg zu gewähren, ob man entweder diese bestimmte Schwelle überschreiten oder diese bestimmte Transaktion durchführen kann oder nicht, wird davon abhängen, [was] die Kontrolleure dieser einen Bevölkerungsdatenbank entscheiden. Und ich denke, darum geht es, denn sobald man das hat, werden wir zu Spielzeugen und die Welt kann so sein, wie die Kontrolleure dieser Datenbank es wollen.

[…]

Die Eugeniker haben die Hebel der Macht in die Hand genommen, und das ist ein wirklich raffinierter Weg, Sie dazu zu bringen, sich in eine Reihe zu stellen und irgendetwas Unbestimmtes zu erhalten, das Ihnen schaden wird. Ich habe keine Ahnung, was es tatsächlich sein wird, aber es wird kein Impfstoff sein, weil Sie keinen brauchen. Und es wird Sie nicht allein durch den Pieks töten, weil Sie das erkennen würden.

Es könnte etwas sein, das eine normale Pathologie hervorruft, es wird zu verschiedenen Zeiten zwischen der Impfung und dem Ereignis liegen, es wird plausibel zu leugnen sein, weil zu dieser Zeit etwas anderes in der Welt vor sich geht, in dessen Kontext Ihr Ableben oder das Ihrer Kinder normal aussehen wird. Das ist es, was ich tun würde, wenn ich 90 oder 95% der Weltbevölkerung loswerden wollte. Und ich denke, das ist es, was sie tun".[199]

Abgesehen von solchen und anderen medizinischen Fragen, die – wie oben im Falle Dr. Yeadons – zweifellos einen äußerst unangenehmen, ja finsteren Beiklang haben und man außerdem sicher fragen darf, ob es wirklich um eine Entvölkerungsagenda geht, bleibt unstrittig, daß ie große Vision hinter dem "Reset" der Welt auf ein "globales Gemeinwesen" hinausläuft, in der Menschen fast nur noch online miteinander kommunizieren, ja sogar einen Großteil medizinischer Dienstleistungen per "Telemedizin" erhalten. In der sie nur noch mit "Impfpass" auf dem Smartphone reisen oder Veranstaltungen wie z.B. Konzerte oder Theateraufführungen besuchen, sprich, sich im "Öffentlichen Raum" aufhalten dürfen; sogenanntes "Tele-Working", also "Home Office"; Schwab geht sogar soweit, von einer- wie bereits erwähnt - transhumanistischen Verschmelzung von Mensch und Maschine zu sprechen.

Es soll eine "Weltgesellschaft" sein, die "nicht mehr als eine lebendige Gemeinschaft betrachtet [wird], sondern als ein Unternehmen, dessen Rentabilität das einzig gültige Ziel der menschlichen Tätigkeit ist".[200]

Dieser „neue Faschismus wird heute unter dem Deckmantel von Global Governance, Biosicherheit, der »Neuen Normalität«, dem »New Deal for Nature« und der »Vierten Industriellen Revolution« vorangetrieben".[201]

Schwab kommt ins Schwärmen, wenn es um die "Vierte Industrielle Revolution" und die von ihm darin erkannten transhumanistischen Potenziale geht: "Bedenken Sie die unbegrenzten Möglichkeiten, Milliarden von Menschen über mobile Geräte miteinander zu verbinden, was zu beispielloser Rechenleistung,

---

199 „Reines, unverfälschtes Böses, maskiert als Pandemie",
https://axelkra.us/reines-unverfaelschtes-boeses-maskiert-als-pandemie/
200 "Klaus Schwab und sein großer faschistischer Reset",
https://axelkra.us/klaus-schwab-und-sein-grosser-faschistischer-reset-offguardian/
201 a.a.O.

Speicherkapazität und Wissenszugang führt. Oder denken Sie an das erschütternde Zusammentreffen neu aufkommender technologischer Durchbrüche, die sich auf so unterschiedliche Bereiche wie künstliche Intelligenz (KI), Robotik, das Internet der Dinge (IoT), autonome Fahrzeuge, 3D-Druck, Nanotechnologie, Biotechnologie, Materialwissenschaft, Energiespeicherung und Quantencomputer, um nur einige zu nennen, erstrecken. Viele dieser Innovationen stecken noch in den Kinderschuhen, aber sie erreichen bereits einen Wendepunkt in ihrer Entwicklung, da sie in einer Verschmelzung von Technologien in der physischen, digitalen und biologischen Welt aufeinander aufbauen und sich gegenseitig verstärken. [...] Die verwirrenden Innovationen, die durch die vierte industrielle Revolution ausgelöst wurden, von der Biotechnologie bis zur KI, definieren neu, was es bedeutet, Mensch zu sein. [...] Die Technologien der Vierten Industriellen Revolution werden nicht aufhören, Teil der physischen Welt um uns herum zu werden – sie werden Teil von uns werden. In der Tat haben einige von uns bereits das Gefühl, dass unsere Smartphones zu einer Erweiterung unserer selbst geworden sind. Die heutigen externen Geräte – von tragbaren Computern bis hin zu Virtual-Reality-Headsets – werden mit ziemlicher Sicherheit in unseren Körper und unser Gehirn implantiert werden. Exoskelette und Prothesen werden unsere körperliche Leistungsfähigkeit erhöhen, während Fortschritte in der Neurotechnologie unsere kognitiven Fähigkeiten verbessern werden".[202]

Ich habe keinerlei Probleme mit technischem Forschritt. Im Gegenteil: Ich bin ein regelrechter Technikfreak. Und viele der von Schwab angesprochenen Entwicklungen können zweifellos sehr positive Auswirkungen haben. Das will ich gar nicht in Abrede stellen. Problematisch wird es dann, wenn sie, wie Schwab ja nahelegt, wegen einer "Pandemie", deren Ursprünge zwielichtig sind, vor allem, was die deshalb ganzen Bevölkerungen auferlegten politischen Maßnahmen betrifft, in einem Tempo umgesetzt werden sollen, die wichtige ethische, sozialpsychologische und ökonomische Fragen einfach übergeht. Die Geschwindigkeit, mit der das alles "durchgezogen" werden soll, erinnert mich an den deutschen Philosophen Günther Anders und seine Buchreihe "Die Antiquiertheit des Menschen: Über die Seele im Zeitalter der zweiten industriellen Revolution", in der er den Begriff des "Prometheischen Gefälles" prägte. Damit meinte er, daß der Mensch der Moderne über technische Möglichkeiten verfügt, deren Auswirkungen er aufgrund des Tempos ihrer Erscheinung und

[202] a.a.O.

Weiterentwicklung sowie der dadurch bedingten Rückwirkungen auf die menschliche Psyche, das Bewußtsein des Menschen, seine Selbstwahrnehmung, kurz, die ganzen sich daran anschließenden wirtschaftlichen, kulturellen, intellektuellen und sozialen Kaskadeneffekte nicht mal annähernd abschätzen könne. Mit anderen Worten: Anders trieb die Sorge um, daß diese Entwicklungen, dieses technologisch verursachte "Prometheische Gefälle" den Menschen "überfordern" und ihn in einer existenziellen Situation zurücklassen könnten, in der er nicht mehr - vereinfacht ausgedrückt - Herr über die Maschinen, Herr über die Technik ist, sondern zu ihrem Sklaven wird.

Der Artikel "Der »Neustart der Welt« durch die Globalisten und ihre Pläne für die Menschheit", aus dem ich bereits zitiert habe, bietet eine hervorragende Übersicht über diese technologische Ebene des "Großen Reset":

"Den Autoren zufolge hat die Corona-Krise dazu geführt, daß die digitale Entwicklung in einem Monat einen Schritt gemacht hat, der sonst bis zu zwei Jahre dauern würde. Alles wurde weitgehend online verschoben. Es sind die Technologieunternehmen, die die Gewinner sind, und ihre Verdienste während der Krise waren massiv, während alle Geschäftsideen, die auf persönlichen Treffen basieren (wie der Kultursektor und Restaurants) die Verlierer sind. Dies ist etwas, das laut Schwab und Malleret weitgehend erhalten bleiben wird. Die Corona-Krise hat sich nachhaltig auf Arbeit, Bildung, Handel, Medizin und Unterhaltung ausgewirkt. Darüber hinaus hat sie einen erheblichen Eingriff in unsere Privatsphäre verursacht. [...] ***Vorläufige Regelungen, die während der Krise eingeführt wurden, können nach Ansicht der Autoren auch weiterhin gelten.*** Es geht auch um soziale Distanz. Die Gesellschaften werden den Schwerpunkt auf die Umstrukturierung der Arbeitsplätze legen, um menschliche Kontakte zu minimieren. Für die Beschäftigten im Hotel-, Restaurant- und Bildungssektor sieht die Zukunft daher düster aus. Die Autoren sehen eine massive Automatisierung des Hygiene- und Sauberkeitsmanagements voraus, was wiederum die digitale Transformation beschleunigen wird. [...] Den Autoren zufolge haben die Lockdowns einen hohen wirtschaftlichen Preis, der andere Methoden notwendig macht. Dies eröffnet dauerhafte technologische Lösungen wie die Kontaktverfolgung, bei der alle unsere Bewegungen verfolgt (Tracking) und analysiert (Tracing) werden können, um infizierte Personen unter Quarantäne stellen zu können. [...] Schwab und Malleret schreiben, daß die Kontaktverfolgung ein »frühes Eingreifen« gegen »Superspreading-Umgebungen« wie z.B. Familienzusammenkünfte ermöglicht. ***Es ist nicht schwer zu***

verstehen, dass die Nachverfolgung leicht auch gegen jeden eingesetzt werden kann, der sich diesem teuflischen System widersetzt. Wir Menschen sind es, die in den Augen dieser Tyrannen die »Ansteckungsgefahr« darstellen. [...] Die Autoren schreiben, daß eine Vielzahl von Analysten, politischen Entscheidungsträgern und Sicherheitsbeamten voraussagen, daß dies zu einer dystopischen Zukunft führen wird. Das Buch warnt deutlich davor, daß ein globaler techno-totalitärer Überwachungsstaat mit Corona als Vorwand aufgebaut wird. Es besteht jedoch kein Zweifel daran, ***daß die Autoren glauben, daß die Vorteile die Nachteile überwiegen*** (wie es auch in Schwabs beiden Büchern über die Vierte Industrielle Revolution deutlich wird)".[203]

Der Autor des Artikels, Jacob Nordangård, nimmt mir zum Abschluß seiner Analyse die Worte aus dem Mund. Mit ähnlichen Worten hätte auch ich mich vom Leser verabschiedet in der Hoffnung, durch dieses Buch aufgezeigt haben zu können, welche Zukunft uns droht, wenn wir die geplanten Veränderungen unserer Lebenswelt einfach distanz- und kritiklos als angeblich "notwendig" hinnehmen:

"Wir haben einen hohen Preis bezahlt und werden auch weiter einen hohen Preis bezahlen müssen für etwas, das über alle Maßen übertrieben wurde und das als Auslöser für die Einführung einer neuen techno-totalitären Ordnung benutzt wurde. Die Tyrannen haben nach dem Prinzip »Krisen eröffnen Geschäftschancen« operiert und konnten das Leid, das sie uns Menschen zugefügt haben, effektiv ausnutzen. Sie drohen uns auch, mit ihrem Terror wieder zu kommen, wenn wir ihre Pläne, unser Leben im Detail zu regieren und zu regulieren, nicht akzeptieren. Dies Mafiamethoden. Niemand von uns hat Schwab und seine Freunde im Milliardärsclub dazu legitimiert, unser Leben zu diktieren. Es ist höchste Zeit, die Tyrannen abzusetzen. Ihr rechtmäßiger Platz ist hinter Gittern".[204]

---

[203] "Der »Neustart der Welt« durch die Globalisten und ihre Pläne für die Menschheit, https://axelkra.us/der-neustart-der-welt-durch-die-globalisten-und-ihre-plaene-fuer-die-menschheit-factuality/, Hervorhebungen durch mich.
[204] a.a.O.

Anhang

Nachfolgend die Abschrift des gesamten Interviews, das die ARD-"Tagesthemen" mit Bill Gates führte.[205]

Tagesthemen: "Bisher hat das Virus besonders hart die Industrieländer getroffen, in Nordamerika, Europa, China. Es wird immer deutlicher, daß wir trotz aller Anstrengungen die Pandemie nur in den Griff bekommen werden, wenn wir einen Impfstoff entwickeln. Welche Schritte sind auf diesem Weg jetzt die wichtigsten?"

Gates: "Naja, normalerweise dauert es ungefähr fünf Jahre, einen neuen Impfstoff zu entwickeln. Man muß solch einen Stoff erst einmal herstellen und ihn auf seine Unbedenklichkeit testen. Dann muß man auch seine Wirksamkeit prüfen. Normalerweise baut man die entsprechenden industriellen Kapazitäten zur Herstellung erst auf, nachdem sie sichere Verwendung des Stoffes und seine Wirksamkeit bestätigt worden sind, und wir sind jetzt dabei, diese Zeitspanne auf rund 18 Monate zu komprimieren. Wenn alles super läuft, geht es vielleicht noch schneller. Die Tatsache, daß die RNA-Plattform jetzt schnell Fahrt aufnimmt und die Herstellung recht einfach sein wird, läßt hoffen. Die Wirksamkeit eines Medikaments und seine Unbedenklichkeit zu gewährleisten, das ist kein Pappenstiel. Impfstoffe sind oft nicht in der Lage, auch ältere Menschen dabei zu unterstützen, daß sie immun werden gegen eine Krankheit, und das ist ja hier das Wichtigste, alte Menschen immun zu machen. Wenn man die Wirksamkeit eines Impfstoffes erhöht, damit er auch bei älteren Menschen funktioniert, muß man aufpassen, daß dies nicht zu Problemen bei der Unbedenklichkeit führt. Wir werden den zu entwickelnden Impfstoff letzendlich sieben Milliarden Menschen verabreichen, da können wir uns keine Probleme mit bedrohlichen Nebenwirkungen leisten. Und doch werden wir die Entscheidungen zum Einsatz eines neuen Impfstoffes auf einer geringeren Datengrundlage als sonst fällen, damit wir schnelle Fortschritte erzielen. Wir müssen also die Entwicklung der acht bis zehn aussichtsreichsten Kandidaten unterstützen, die entsprechenden Produktionsanlagen bauen, herausfinden, wie wir die Sicherheit des Impfstoffes testen - und all dies braucht eine gemeinsame globale Anstrengung. Unsere Stiftung spielt hierbei eine große Rolle, denn wir sind die größten Förderer von Impfstoffen und denken auch an die Entwicklungsländer. Ich bin beeindruckt

[205] https://www.facebook.com/tagesschau/videos/2509304459175441/

davon, daß jetzt alle Welt darüber spricht, daß sich Medikamente herauskristallisieren, nicht nur Moderna, CureVac, Sanofi, NovoVax und so weiter. Dies sind die Mittel, in die jetzt investiert werden muß."

Tagesthemen: "Sie hoffen also, daß in 18 Monaten Ergebnisse vorliegen. Aber das würde ja auch bedeuten, daß wir die zur Bekämpfung von Corona getroffenen Maßnahmen so lange beibehalten würden, also mindestens anderthalb Jahre noch."

Gates: "Im Sommer können wir hoffentlich einige Bereiche des Lebens wieder öffnen. Sie haben absolut Recht: Zu der Normalität vor Corona werden wir erst dann zurückkehren können, wenn wir entweder ein Wundermittel gefunden haben, das in 95% der Fälle hilft, oder wenn wir einen Impfstoff entwickelt haben. Das heißt, wir werden eine Phase durchlaufen, in der ständig überlegt werden muß: Können die Schulen ihren Betrieb wieder aufnehmen? Große Stadien werden vermutlich geschlossen bleiben. Gleichzeitig müssen die Tests weiterlaufen, damit man weiß, ob es irgendwo wieder einen Anstieg der Ansteckungen gibt. Wir wissen ja über viele Dinge noch nicht richtig Bescheid, zum Beispiel den Einfluß der Jahreszeiten, inwieweit junge Menschen auch Teil des Übertragungsweges sind. Es ist also richtig, wenn man jetzt darüber diskutiert, wie die langsame Öffnung aussehen könnte, auch wenn wir in den meisten Ländern noch einen, anderthalb Monate entfernt sind."

Tagesthemen: "Trotz aller Kooperationsbereitschaft sind Sie nicht besorgt, daß es dann nicht auch einen Kampf um die Impfstoffe geben könnte, so wie wir es ja etwa bei den Schutzmasken erlebt haben?"

Gates: "Wenn wir dann all die Fabriken bauen und entscheiden, wo wir sie bauen, wenn sich herausstellt, wer hier verbindlich Fördermittel zusagt - die Europäer sind in Sachen Impfstoffe immer sehr freigiebig gewesen, Deutschland trägt zum Beispiel in großem Umfang zur GAVI bei, der Organisation, die dafür sorgt, daß der Impfstoff auch überall in den Entwicklungsländern ankommt. Wenn wir gemeinschaftlich in diese Produktion investieren, dann können wir dafür sorgen, daß nicht nur die Länder, in denen sich diese Fabriken befinden, darauf Zugriff haben, sondern besonders diejenigen, wo der Impfstoff am dringendsten benötigt wird. Langfristig wird die Produktion so hoch gefahren, daß alle Menschen auf unserem Planeten damit geimpft werden können."

Tagesthemen: "Die Welt wird nach dieser Pandemie nicht mehr die gleiche sein. Aber was genau wird sich denn ändern ihrer Meinung nach?"

Gates: "Ich glaube, daß die Warnung, daß wir uns gründlich auf die nächste Pandemie vorbereiten müssen, diesmal ernstgenommen wird. Schnelle Diagnosen, Impfstoffe, Medikamente - die werden beim nächsten Mal besser vorbereitet sein. Und die Plattformen, die das möglich machen, werden auch für bereits bestehende Krankheiten nützlich sein. Wir sind auf der Suche nach RNA-Impfstoffen für alle ansteckenden Krankheiten. Sie könnten bei deren Bekämpfung sehr hilfreich sein. Unser Verhalten wird sich nach dieser Krise verändert haben. Vielleicht machen wir sehr viel mehr Dinge online, nachdem wir ja jetzt dazu gezwungen sind. Ich hoffe, daß wir hinterher sagen können: Wir haben es gemeinsam geschafft. Daß wir die Leute im Gesundheitswesen, die sich heldenhaft einsetzen und ihre eigene Gesundheit aufs Spiel setzen, feiern können. Menschen, die in der Isolation leben mußten in dieser Zeit, die mit großer Verunsicherung umgehen mußten; die Kinder, die wertvolle Schulzeit verloren haben. Leider sind es in den meisten Ländern die weniger gut gestellten Familien, in denen Online-Lernen gar nicht möglich ist, und wo deshalb die Kluft zwischen guten Bildungschancen und geringen größer wird. Wir werden das Wirtschaftsleben gründlich aufräumen müssen nach der Krise. Nach all den Traumata, die die Menschen haben durchmachen müssen. Ich hoffe aber, daß diese Krise uns näher zusammenbringt mit den Menschen in unserer unmittelbaren Umgebung, und auch länderübergreifend auf der ganzen Welt. Nach dem Zweiten Weltkrieg hat sich die Welt, oder zumindest ein großer Teil, zusammengerauft. Und leider haben wir es auch hier mit einem dramatischen Umbruch zu tun. Unser Verhalten wird sich in vielen Punkten ändern. Ich hoffe auch, daß wir über die Pandemie nicht andere Dinge wie den Klimawandel vergessen, die ja ebenso unsere Zusammenarbeit und unsere Innovation brauchen."

Tagesthemen: "Herr Gates, vielen Dank für Ihre Zeit."

Index